Pólen

BIBLIOTECA PÓLEN

Para quem não quer confundir rigor com rigidez, é fértil considerar que a filosofia não é somente uma exclusividade desse competente e titulado técnico chamado filósofo. Nem sempre ela se apresentou em público revestida de trajes acadêmicos, cultivada em viveiros protetores contra o perigo da reflexão: a própria crítica da razão, de Kant, com todo o seu aparato tecnológico, visava, declaradamente, libertar os objetos da metafísica do "monopólio das Escolas".

O filosofar, desde a Antiguidade, tem acontecido na forma de fragmentos, poemas, diálogos, cartas, ensaios, confissões, meditações, paródias, peripatéticos passeios, acompanhados de infindável comentário, sempre recomeçado, e até os modelos mais clássicos de sistema (Espinosa com sua ética, Hegel com sua lógica, Fichte com sua Doutrina-da-ciência) são atingidos nesse próprio estatuto sistemático pelo paradoxo constitutivo que os faz viver. Essa vitalidade da filosofia, em suas múltiplas formas, é denominador comum dos livros desta coleção, que não se pretende disciplinarmente filosófica, mas, justamente, portadora desses grãos de antidogmatismo que impedem o pensamento de enclausurar-se: um convite à liberdade e à alegria da reflexão.

Rubens Rodrigues Torres Filho

Friedrich von Hardenberg
Novalis

PÓLEN
FRAGMENTOS, DIÁLOGOS, MONÓLOGO

Tradução, apresentação e notas
Rubens Rodrigues Torres Filho

ILUMI//URAS

Copyright © 1988 da tradução
Rubens Rodrigues Torres Filho

Biblioteca Pólen
Dirigida por Rubens Rodrigues Torres Filho e Márcio Suzuki

Títulos originais
Fragmentblatt, Vermischte Bemerkungen/Blüthenstaub, Logologische Fragmente, Poësie, Poëticismen, Vermischte Fragmente, Fragmente oder Denkaufgaben, Anekdoten, Dialogen, Monolog

Copyright © desta edição
Editora Iluminuras Ltda.

Projeto gráfico da coleção
Fê

Capa
Eder Cardoso / Iluminuras
sobre *A descida da cruz* (c. 1435), óleo sobre madeira [220 x 262 cm],
Rogier van de Weyden (Museu do Prado, Madri). [fragmento modificado digitalmente]

Preparação
Nicolino Simone Neto

Revisão
Cecilia Madaras

CIP-BRASIL. CATALOGAÇÃO-NA-FONTE
SINDICATO NACIONAL DOS EDITORES DE LIVROS, RJ
N822p

    Novalis, 1772-1801
      Pólen : fragmentos, diálogos, monólogo / Friedrich von Hardenberg (Novalis) ; tradução, apresentação e notas Rubens Rodrigues Torres Filho. - 2. ed. - São Paulo : Iluminuras, 2021.
    224 p. ; 23cm

    Tradução de: Fragmentblatt, Vermischte Bemerkungen/Blüthenstaub, Logologische Fragmente, Poësie, Poëticismen, Vermischte Fragmente, Fragmente oder Denkaufgaben, Anekdoten, Dialogen, Monolog

    ISBN 978-655519-080-9

    1. Filosofia. I. Título.
    09-4524.   CDD: 100
                                    CDU: 1

2021
EDITORA ILUMINURAS LTDA.
Rua Inácio Pereira da Rocha, 389 - 05432-011 - São Paulo - SP - Brasil
Tel./Fax: 55 11 3031-6161
iluminuras@iluminuras.com.br
www.iluminuras.com.br

ÍNDICE

NOVALIS: O ROMANTISMO ESTUDIOSO, 7
Rubens Rodrigues Torres Filho

FOLHA DE FRAGMENTOS, 23
PÓLEN / OBSERVAÇÕES ENTREMESCLADAS, 27
OBSERVAÇÕES ENTREMESCLADAS, 29
FRAGMENTOS LOGOLÓGICOS I E II, 95
POESIA, 107
POETICISMOS, 117
FRAGMENTOS I E II, 121
FRAGMENTOS OU TAREFAS DE PENSAMENTO, 147
ANEDOTAS, 151
DIÁLOGOS, 157
MONÓLOGO, 175
NOTAS, 179

NOVALIS: O ROMANTISMO ESTUDIOSO

Rubens Rodrigues Torres Filho
Universidade de São Paulo, abril de 1988

*Um fragmento tem de ser, igual a uma pequena obra de arte, total-
mente separado do mundo circundante e perfeito em si mesmo como
um porco-espinho.*

Friedrich Schlegel
(fragmento de Athenaeum, *n. 206)*

O porco-espinho – um ideal.
Novalis
(anotação à margem do fragmento supra)

*O avesso é adverso. As esplêndidas construções sistemáticas que a tradição
filosófica nos legou sob o título de "idealismo alemão" (Fichte, Schelling,
Hegel) edificam-se sobre um solo de crise – a metafísica minada pela crítica
da razão (Kant) – e erguem sua travação conceitual como que a esconjurá-la.
Do que se pensou no reverso desses sistemas, no epicentro dessa crise, os
escritos do primeiro romantismo (Novalis, Tieck, os irmãos Schlegel) dão
alguma medida, e não é de admirar que, já na forma, se apresentem como
fragmentários.*

*O discurso dos pré-socráticos foi reduzido a fragmentos pela erosão do
tempo e as conflagrações da História. A escritura dos primeiros românticos
nasce já na forma de fragmento – produto, talvez, de uma erosão e conflagração
no próprio pensamento?*

*Certo é que essa ideia, que poderia ocorrer a qualquer um, faz parte
na verdade da autoimagem dos próprios românticos, e quem a formulou,
devidamente em forma de "fragmento", foi Friedrich Schlegel (1772-1829),
já em 1798, na revista* Athenaeum: *"Muitas obras dos antigos se tornaram*

fragmentos. Muitas obras dos modernos o são logo em seu surgimento". (Fragmento n. 24, que Novalis batizou de: "Fragmentos tornados e natos".)[1]

Essa espécie de simetria macro-histórica, essa forma, ainda que demasiado sobranceira, de ligar o cabo ao rabo, não deixa de indicar que, em caso de pertinência, a filosofia dos românticos faria parte marcante da História da Filosofia Ocidental.

Não seria bem exatamente, é claro, a opinião dos manuais e dos historiadores sérios. Falar de uma "filosofia dos românticos" como um capítulo especial da História da Filosofia Moderna é algo que, salvo pelo livro de Claudio Ciancio sobre Schlegel,[2] ainda não está filologicamente estabelecido, enquanto persiste, em compensação, a velha imagem de um pensamento fragmentário e sem rigor, quando não "sentimental", mas não no sentido técnico que Schiller deu a essa palavra, significando: autorreflexivo, o oposto de "ingênuo".

Resta a obrigação de reconhecer que conheciam mais filosofia e a cultivavam mais assiduamente que, por exemplo, Goethe ou, mesmo, Schiller. Além da prática do sinfilosofar *(filosofar em conjunto, simpática ou sinfonicamente) inventada por Schlegel, estudavam industriosamente* (fleiszig!) *a filosofia crítica de Kant, a Doutrina-da-ciência de Fichte, a* Naturphilosophie *e o sistema da identidade de Schelling e escreviam, a propósito, observações perfeitamente pertinentes. Estou pensando, por exemplo, numa frase de Schlegel, segundo a qual o maior mérito de Kant e de Fichte (isto é, da filosofia transcendental nascida da* Crítica da razão pura) *é que eles vão até o limiar da religião – e aí interrompem (Berlim, 2 de dezembro de 1798).*

Já poderiam ser estudados pelo menos, como se vê, na qualidade de lúcidos comentadores da filosofia clássica alemã. A tese de Ciancio, entretanto, a respeito de Schlegel, é que sua filosofia pode ser gueroultiamente reconstruída a partir dos textos, que ela enfrenta metodicamente os problemas envolvidos pela crítica da razão pura e contém até, coerentemente, uma teoria do fragmento como única forma de expressão filosófica possível depois da crise que solapou os objetos da metafísica especial. Adoraríamos, portanto, Friedrich Schlegel como um a mais na lista dos filósofos?

Como já se negou a Rousseau o título de filósofo só porque a maior parte de sua obra se inscreve no gênero que se convencionou chamar "literário", melhor seria talvez concluir que a filosofia não é somente uma exclusividade ou uma especialidade desse competente e titulado técnico chamado "filósofo".

* * *

---

[1] A tradução dos textos citados, assim na introdução como nas notas, é de responsabilidade minha.

[2] Claudio Ciancio, *Friedrich Schlegel: Crisi della Filosofia e Rivelazione*, Mursia, 1984.

Tomemos, pois, o caso de Hardenberg — Georg Friedrich Philipp, Freyherr *(barão) von Hardenberg, que adotou o nome literário de Novalis.*

Considerado um dos pais fundadores do Romantismo – legendário até pela brevidade de sua vida (viveu de 2 de maio de 1772 a 25 de março de 1801), a ponto de seu próprio irmão, Karl von Hardenberg (1776-1813), ao enviar o manuscrito de Os aprendizes em Saís *a Ludwig Tieck (1773-1815), que cuidava da edição póstuma de seus escritos, escrever: "Compreendo bem agora [ao reler esse manuscrito] que ele precisava morrer; nós ainda não estamos maduros para as descomunais revelações que, através dele, teriam vindo a nós" (carta de 31 de setembro de 1802) — dono de uma escrita exacerbadamente pessoal, inventiva e desconcertante, esse escritor notável reuniu condições para ser desde cedo incompreendido e investido daquela imagem de pensador sentimental, fragmentário e etéreo que acompanhou fielmente sua triunfal celebridade. Misticismo, ideias vagas e fantásticas, uma experiência fundamental de amor e morte configurada no noivado com Sophie von Kühn (1782-1797) e no precoce desaparecimento da frágil musa adolescente, ingredientes para a formação de seu mito literário, prestam-se bem para afastá-lo do reino das ideias claras e distintas e para excluí-lo da filosofia.*

Desconcertante pois, para o leitor de hoje, tomar em mãos a edição de Paul Kluckhohn dos escritos de Novalis, que reproduz diplomaticamente todos os manuscritos existentes — respeitando grafia, pontuação e cronologia, estabelecida muitas vezes com base em pesquisas grafotécnicas —,[3] e verificar o simples fato material: que, dos quatro volumes que a compõem, dois, totalizando quase duas mil páginas, são constituídos pelos escritos filosóficos, contra um (o primeiro) consagrado à obra literária integral e um (o quarto) à correspondência e aos diários. E mais, encontrar ali, por exemplo, sob o título Fichte-Studien, *mais de duzentas páginas dedicadas a minuciosas anotações e comentário cerrado da* Doutrina-da-ciência de 1794, *de Johann Gottlieb Fichte (1762-1814), considerada a obra mais difícil e complexa de toda a História da Filosofia — o que indica elaboração conceitual tecnicamente avançada e não apenas, como supõe Wilhelm Dilthey (1853-1911), "filosofia romântica de vida".*

À vista do material autêntico (novo corpus *novalisiano?), à luz de uma pesquisa cuidadosa de fontes e referências, começa a delinear-se então um perfil diferente, e percebe-se em que medida é correto dizer que o Novalis*

---

[3] *Novalis Schriften,* ed. crítica de Paul Kluckhohn e Richard Samuel, em colaboração com Gerhard Schulz, Hans-Joachim Mähl e Heinz Ritter; Kohlhammer, Stuttgart/Darmstadt; 3. ed. corrigida e ampliada, 1976 (I), 1981 (II), 1983 (III), 1975 (IV).

tradicional é uma personagem romântica — por ser uma personagem criada *pelos românticos.*

Primeiro representante da nova Escola a ter sua obra conhecida numa edição de conjunto (póstuma, infelizmente),[4] depois de ter sido o primeiro a ter uma coletânea de fragmentos (Pólen) *publicada no primeiro número de* Athenaeum, *a revista-manifesto que apresentou ao público o movimento romântico, onde apareceu impresso pela primeira vez o nome "Novalis",[5] coube a Hardenberg muito cedo, logo após sua morte, tornar-se objeto de um intrigante processo de canonização literária.*

Contribuíram para isso, fundamentalmente, cada um a seu modo, os dois amigos e companheiros, Ludwig Tieck e Friedrich Schlegel, que assumiram em 1801 o encargo piedoso de reunir e publicar seus escritos. Tieck, na biografia que escreveu como introdução para a terceira edição dos escritos (1815), dá o tom, no plano sentimental, escrevendo: "A partir da santidade da dor, do amor profundo e do devoto anseio pela morte explicam-se seu ser e todas as suas ideias. [...] No fato de que um único, grandioso momento de vida e uma única, profunda dor e perda se tornaram a essência de sua poesia e de sua intuição, compara-se ele, único entre os modernos, ao sublime Dante, e canta-nos como este um insondável canto místico". Schlegel por sua vez já havia definido bem antes, dentro de sua teoria do fragmento como "porco-espinho" transcendental, a linha teórica de interpretação, ao forjar, a propósito de Hardenberg, numa carta a seu irmão August Wilhelm (1767-1845), a bela fórmula: "Ele pensa elementariamente. Suas frases são átomos..." (datada de Berlim, março de 1798).

Avulsos por definição, os fragmentos puderam então ser livremente combinados, de tal modo que, não só a própria coletânea Pólen *não precisou ser mantida na forma da publicação original, mas qualquer anotação dos manuscritos podia ser (às vezes mesmo segmentada do contexto) apresentada como um "fragmento". Mesmo princípio, de resto, que comandou as intervenções de Schlegel no texto de* Pólen *publicado em sua revista, em 1798.*

Formou-se rapidamente, então, um culto de Novalis, fomentado particularmente por um grupo de literatos catolicizantes, de que faziam parte, ao lado de Otto Heinrich von Loeben, seus dois irmãos mais novos, Karl (que escrevia com o pseudônimo de Rostorf) e George Anton; e ecoa ainda, em 1924, no título da obra de Rudolf Steiner (1861-1925), O mistério do Natal: Novalis, o visionário e anunciador de Cristo *(conferências proferidas em 1907-8), essa*

---

[4] *Novalis Schriften*, 2 v., Berlim, 1802.

[5] *Athenaeum. Eine Zeitschrift* (um periódico) de August Wilhelm Schlegel e Friedrich Schlegel, v. I, t. I, Berlim, 1798; reimpressão fotomecânica, Darmstadt, 1973.

prática que consiste em reverenciá-lo pelos mesmos motivos, apenas com os sinais trocados, que levaram sua época ainda iluminista a qualificar suas ideias de "nonsense de manicômio", como se lê numa das primeiras resenhas de seus escritos.[6]

* * *

Assim eu mesmo, nos últimos anos da década de 1960, folheando uma revista francesa, tive a ocasião de ver a foto de uma mulher nua, de longos cabelos loiros, flutuando um pouco desfocada entre nuvens, com a legenda: "O amor é o amém do universo/ Novalis".

Esse suposto fragmento, publicado pela primeira vez na edição Bülow (e já ali diferentemente),[7] faz parte de um conjunto de anotações que reúne em diferentes rubricas, sob o título Das Allgemeine Brouillon *(Borrador universal), materiais para uma futura* Enciclopédia — *o projeto de Novalis que foi interrompido pela morte. Ali, no n. 50, encontra-se, sob a rubrica "Enciclopedística", uma longa anotação a respeito da "física transcendental" ou "metafísica da natureza", que desemboca na oposição (mescla, separação e unificação) entre* fatura *e* natura *e numa proposta de distinção entre uma psicologia química e uma psicologia mecânica. Em seguida, o texto abre uma nova rubrica, "Psicologia", que é do seguinte teor: "O amor é o fim último da* História mundial — *o* unum *do uni-verso". A descontextualização, aqui, foi bem propícia ao lapso de leitura, por parte do olho que colheu esse* Amen *no lugar de* Unum.

* * *

Desse modo, a tradição da leitura de Novalis veio a ser a história de um longo processo de desfiguramento, não só da obra, mas da própria pessoa histórica do autor. O jovem poeta da flor azul, melancólico, sonhador, desligado deste mundo, por onde apenas brilhou meteoricamente antes de alcançar a morte amada, era na verdade um homem prático, ativo e atento que, ao lado de seus estudos de filosofia, física, química, literatura, geologia, medicina, política, teve uma atividade profissional regular, desempenhada com interesse e competência, como assessor das minas de bronze de Leipzig e, a seguir, das

---

[6] *Neue Allgemeine Deutsche Bibliothek*, 1804: "Desperta verdadeiramente uma sensação melancólica, quando se vê que um jovem rico de talento se deixa induzir, pela caça aos paradoxos, ao estabelecimento de frases tão descerebradas".

[7] *Novalis Schriften*, ed. Ludwig Tieck e Eduard von Bülow, Berlim, 1806, sob n. 309: "O amor é o fim último da História mundial, o amém do universo".

salinas de Weiszenfels, que pertenciam ao Eleitorado da Saxônia, gozando da confiança mais irrestrita de seus superiores. Na data de 19 de abril de 1800, por exemplo, o Conselho Superior de Minas de Freiberg, por ocasião da descoberta de uma nova jazida de carvão mineral em Coldlitz, endereça ao príncipe-eleitor da Saxônia a proposta de "comissionar nos devidos termos ao assessor junto às salinas George Philipp Friedrich von Hardenberg a especial intendência sobre ela, de tal forma que ele faça proceder à exploração, sob sua direção, por trabalhadores que já estão empregados nos trabalhos carvoeiros anexos às salinas e consequentemente já familiarizados com essa atividade".[8]

Esses fatos, já conhecidos desde 1801, através do necrológio de Hardenberg escrito por August Coelestin Just (1750-1822), seu superior hierárquico e amigo, assim como o noivado do poeta com a nobre Julie von Charpentier (1776-1811), filha do intendente de minas Von Charpentier, de Freiberg, foram bem pouco levados em consideração na construção da legenda de Novalis, naturalmente, porque se harmonizariam mal com a imagem tradicionalmente aceita.

Característica é a reação do poeta tardo-romântico Justinus Kerner (1786-1862), perante essas chãs evidências: "Faz um singular efeito e é bem perturbador, quando se pensa Novalis como intendente ou assessor de salinas. É assustador! Eu teria visualizado sua vida muito diferentemente. A jovem Charpentier perturba também desse modo a poesia. Mas a morte dele é bela e muitas outras coisas ainda são belas".[9]

* * *

Richard Samuel, responsável pelos dois volumes de escritos filosóficos da edição crítica, comenta nos seguintes termos os resultados das pesquisas efetuadas por sua equipe: "O resultado principal dessas novas investigações do material manuscrito é que a obra filosófica de Friedrich von Hardenberg é, interna como externamente, muito mais coerente e sistematicamente entretecida do que se reconheceu até agora".[10] Seu colaborador Hans-Joachim Mähl, por exemplo, "estava em situação de reordenar totalmente, com fundamento em critérios internos e observações grafológicas, os estudos dos anos 1795-6, ainda bastante desconexos na edição de 1929, e de colocá-los em uma sequência

---

[8] Bergakademie Freiberg, *Atas* 160, n. 8.860, v. III, apud Gerhard Schulz, "A carreira profissional de Friedrich von Hardenberg", in *Jahrbuch der deutschen Schillergesellschaft* VII, 1963.

[9] Carta a Ludwig Uhland (1787-1862), escrita em 1810.

[10] *Novalis Schriften*, ed. Kluckhohn, v. II, introd. p. XI.

logicamente coerente, que trouxe à luz uma nova obra autônoma de Friedrich von Hardenberg, os Estudos de Fichte*".[11]*

Outros grupos de manuscritos são os estudos de Hemsterhuis e os estudos de Kant e de Eschenmeyer, reconectados com suas fontes. Assim, pode-se hoje tomar, por exemplo, um dos "fragmentos" mais célebres de Novalis, até então considerado como um dos Fragmentos logológicos*:*

> Desejos e aspirações são asas — Há desejos e aspirações — que são tão pouco comensuráveis com o estado de nossa vida terrestre, que podemos seguramente inferir [*a existência de*] um estado, em que eles se tornarão asas poderosas, [*de*] um elemento, que os alçará, e [*de*] *ilhas, onde poderão pousar.*

*e reencontrá-lo como uma das anotações relacionadas com os estudos que Hardenberg fez do filósofo holandês Franz Hemsterhuis (1721-1790), lendo-o no original francês (em dois volumes, emprestados a ele por August Wilhelm Schlegel) e tomando notas a seu modo, em alemão e acompanhadas de comentários seus (*Estudos de Hemsterhuis*, n. 34). Será possível averiguar então que este texto é anotação de um notável trecho do diálogo* Aléxis*, ou de* L'Âge d'Or *(Hemsterhuis,* Oeuvres Philosophiques*, v. II, p. 164-5), onde se lia:*

> Ora, se você quiser refletir sobre a esperança, que parece inata no homem, não essa esperança cotidiana que visa somente um melhor em comparação com seu estado presente, mas sobre essa esperança que tem por meta constante o melhor absoluto, embora indeterminado, você se convencerá de que os desejos do homem, seu instinto, seu princípio de perfectibilidade são indeterminados e não têm absolutamente limites sensíveis para nós no estado em que estamos; e que por conseguinte o homem se atém necessariamente a um outro estado.
>
> — Chegará ele a esse estado?
>
> — Mas, meu caro, quando você vê um pequeno pássaro acabando bem recentemente de sair de sua casca, e eu lhe mostro suas asas, dizendo que é de sua natureza voar, você teme que não voará?
>
> — Não, sem dúvida, voará um dia.
>
> — Se lhe mostro um pequeno peixe que por acaso acaba de nascer na margem, e lhe provo por todas as suas partes que não saberia viver por muito tempo no ar, mas que sua natureza exige que ele esteja na água; você crê que não nadará à primeira maré?
>
> — Seguramente nadará.
>
> — E se lhe mostro o homem, que por sua natureza forma desejos que não têm mais nenhuma analogia, qualquer que seja, com o pouco que esta Terra pode fornecer-lhe na medida em que é animal; crê você que esta Terra é o elemento que convém à sua natureza?

Nem Johann Gottfried Herder (1744-1803) nem Friedrich Heinrich Jacobi (1743-1819), tradutores e divulgadores de Hemsterhuis na Alemanha, teriam a mesma ousadia: o jovem Hardenberg assimila a seu modo o texto, escrito

---

[11] Id. p. X. Publicada com o título: *Fichte-Studien.*

ainda no estilo analítico, didático, racionalista, do Iluminismo da época, num "resumo" muito próprio, que hoje em dia alguém atento identificaria como um processo, consciente e metódico, de onirização — *uma vez que aciona os dois procedimentos complementares de "deslocamento" e "condensação", assinalados por Freud como característicos da "elaboração onírica". Não seria de estranhar, de qualquer modo, esse estilo de abreviação, por parte de alguém que dispõe de toda uma teoria, segundo a qual a amada pode ser lida como uma "abreviatura do universo".*

* * *

Ou, reciprocamente, o universo como uma "elongatura da amada". Que poderia então significar, para Novalis, a forma fragmento, *cuja gênese acabamos de —* voyeuristicamente — *surpreender?*

Ele próprio oferece uma indicação bastante precisa, ao dar, a uma das coletâneas mais bem cuidadas que deixou, o título de Fragmente oder Denkaufgaben *(neste volume,* Fragmentos ou tarefas de pensamento*). A palavra* Aufgabe *refere-se a algo que é proposto (*aufgegeben*) como* tarefa *ou* problema *e indica, no ambiente filosófico em que viveu Hardenberg, a relação do sujeito com um ideal, objeto do dever-ser, no sentido kantiano, isto é: abertura indeterminada para uma determinação futura, inesgotável, no sentido fichtiano. São usuais, de fato, nos textos de Novalis, os termos "tarefa infinita" ou "tarefa indeterminada", para referir-se a problemas só solucionáveis* por aproximação, *no sentido próprio da filosofia transcendental, que Fichte havia instalado definitivamente no campo do* problemático.

Problemático se diz em alemão fragwürdig *(digno de questionamento), e não terá escapado a Novalis, com a afinadíssima consciência do significante que põe à mostra em seus textos (e chega a explicitar diretamente no* Monólogo; cf. *neste volume), associar a palavra* Fragment *(que ele não chama de* Bruchstück*) com o verbo alemão* fragen *(perguntar, questionar).*

De resto, a "circunstância" a que ele atribui seus achados felizes, no n. 68 dos Fragmentos I *(cf. neste volume): "não recebo uma impressão perfeitamente articulada e completamente* determinada — *mas sim interpenetrando-se em um único ponto" — fala em favor de uma adequação entre o estilo espontâneo de sua reflexão e o estilo de escrita, a enunciação pontual, sintética, problemática. Ele ainda chamará seus fragmentos de "pensamentos soltos", "começos de interessantes sequências de pensamento — textos para o pensar", numa carta a August Coelestin Just escrita em 26 de dezembro de 1798. E, na carta a Friedrich Schlegel de 26 de dezembro de 1797, prometendo para a Páscoa sua colaboração para a revista* Athenaeum, *já havia escrito: "Então você terá em mãos o que estou em situação de fazer. São pedaços* (Bruchstücke) *do contínuo autodiálogo em mim — mergulhias".*

Que "fragmentos dessa espécie" são "sementes literárias", enquanto "a arte de escrever livros ainda não foi inventada" (como se lê no último fragmento de Pólen, *correspondente ao n. 104 das* Observações entremescladas*), e não devem ser "tomados pela palavra", ou "ao pé da letra", porque "agora são saturnais literárias"* (Observações entremescladas *n. 120), são indicações que o leitor encontrará nos próprios fragmentos, pois fazem parte do sistema de autorreflexividade que lhes é próprio. Sobre o efeito literário procurado, o leitor consultará com proveito o n. 3 dos* Fragmentos logológicos, *que comenta a função da "letra" na comunicação filosófica — relativizando assim aquela observação do n. 318 dos* Fragmentos III*: "Como fragmento o imperfeito aparece ainda do modo mais suportável — e portanto essa forma de comunicação é recomendável para aquele que ainda não está pronto no todo — e no entanto tem alguns pontos de vista notáveis para dar".*

* * *

Em maio de 1798, no primeiro número de Athenaeum, *sai a coletânea* Pólen. *No índice, onde as colaborações de Friedrich Schlegel são assinaladas "*Von F.*" e as de August Wilhelm, "*Von W.*", lê-se:* Blüthenstaub, von Novalis.

*A primeira indicação da intenção de adotar um pseudônimo, diretamente ligada a essa publicação (que foi a primeira de Hardenberg, exceto pelo poema de adolescência, "*Klagen eines Jünglings*" [*"Lamentação de um Efebo"*], publicado em 1791 na revista* Teutscher Merkur *e assinado "v.* H***g.*", está numa carta a Schlegel, datada de Wiederstedt, 14 de junho de 1797: "Talvez eu te forneça ainda um epíteto* (Beiwort) *para meu nome e, se Deus quiser, também uma ocasião especial para isso".*

Em 24 de fevereiro de 1798, ao enviar a Wilhelm Schlegel o manuscrito da coletânea de fragmentos, Hardenberg os apresenta assim: "(...) minha antiga inclinação pelo absoluto também desta vez salvou-me felizmente do turbilhão da empiria e pairo agora e talvez para sempre em esferas mais luminosas, mais minhas. Os fragmentos anexos o convencerão disso — são na sua maioria de origem mais antiga, e apenas escovados. O juízo de vocês dois pode destiná-los ao fogo ou à via molhada — abdico-os totalmente. Se lhes aprouver fazer uso público deles, eu rogaria pelo subscrito Novalis *— esse é um antigo nome genealógico meu, e não totalmente inadequado".*

A genealogia dos barões Von Hardenberg remonta ao século XII, até Didericus, que o imperador Frederico I (o Barbarossa) chama, num documento existente, datado de 1174, "nobre senhor do burgo de Hardenberge". Alguns de seus antepassados, em alusão à propriedade fundiária Groszenrode, usavam o sobrenome "de Novali" (ou, em alemão: "von Rode"; há menção de um Bernhard de Novali entre 1189 e 1207).[12] Ambas as palavras têm o mesmo sentido de Rodeland, *assim definida no dicionário alemão-português* Michaelis: *arroteia, terra novamente arroteada,* noval". *Que o texto de* Pólen *é efetivamente a "ocasião especial" para a adoção desse epíteto, basta lê-lo em seu título, na epigrafe e no último fragmento da coletânea (n. 114, correspondendo ao n. 104 das* Observações entremescladas), *que define esses breves escritos como "sementes literárias". Afinal, como diz o n. 188 dos* Fragmentos II: Alles ist Samenkorn.

Quanto a sua destinação ao prelo, à "via molhada", por parte dos irmãos Schlegel, foi efetivamente uma grande homenagem que prestaram ao jovem Hardenberg. Perceberam o quanto a coletânea, para além de sua dispersão, era deliberadamente articulada, renunciaram a colher arbitrariamente fragmentos soltos para fazer parte da coletânea coletiva planejada, adiaram para o número seguinte a publicação de sua própria coletânea e deram, no primeiro número, com título, epígrafe e assinatura, a de Novalis.

Friedrich escreve ao irmão Wilhelm, em março de 1798: "Do precioso Pólen *nada pode ser separado. Outrossim, agradaria a Hardenberg, e a nós todos, vê-lo impresso logo nos dois primeiros tomos. — Colocá-lo porém assim como é, e com título e epígrafe, como apêndice a uma massa dos nossos; isso me parece inteiramente fora de propósito. — Penso, portanto, que o tomemos no primeiro tomo, logo após tuas Línguas* [As Línguas. Um Diálogo.] *e antes do meu Meister* [não publicado nesse tomo] *e assim o encerremos amistosamente no meio de nós dois. Mas então não pode haver outros fragmentos no primeiro tomo, e nossa massa toda tem de ir para o IIº tomo...* [...] *Mas por enquanto retiro pelo menos uma meia dúzia como* transito de Pólen. *O todo não sofrerá com isso* [...] *Nele sem dúvida nada deve ser mudado, a não ser o gramatical. Deste faz parte p. ex. o enteísmo em lugar de monoteísmo* [cf. Observações entremescladas 73]. *— Mas à tentação de* dividir *vários de seus fragmentos eu não poderei resistir. O dividir consiste, no caso, apenas em demarcar com traços. Em um dos fragmentos também tu notaste que consiste em dois. Assim é o do gênio* [Observações entremescladas 22], *ali também são dois. O do humor*

---

[12] Informações colhidas em Richard Samuel, "Tábua genealógica do poeta Friedrich von Hardenberg", em suplemento a *Tábuas genealógicas de alemães célebres*, Leipzig, ed. de 1969.

[Observações entremescladas *30*] *são exatamente quatro peças* [Stücke]. *Ele pensa elementariamente. Suas frases são átomos..."*

As intervenções de Schlegel foram de fato mais profundas, afetando a própria composição do conjunto, ao intercalar quatro fragmentos dele próprio e retirar vários dos de Hardenberg (treze ao todo), reservando-os para fazer parte da coletânea do segundo tomo. Escrevendo ao irmão, ele se justifica elegantemente, nos seguintes termos (25 de março de 1798): "Junto a Hardenberg espero bem desculpar meu atrevimento, uma vez que liguei razão com arbítrio, e portanto o fiz por* humor, *e portanto também não sem* humanidade, *já que a humanidade é um papel humorístico* [Observações entremescladas *63*]. — Vocês veem que tomei dele com humildade. Encontrei também nos meus alguns que são suficientemente* flores (Blüthe) *para poder devolvê-los a ele, para que a ação recíproca fraternal fique bem perfeita".*

Finalmente, numa carta a Hardenberg, datada de 28 de maio de 1798: "Recebeste agora certamente o I° *Athen* [aeum]. [...] *Escreve logo e bem livremente a respeito, e faz-te também um mérito no caminho crítico em torno de* Athen [aeum]. *Não apenas sobre o que é meu, mas sobre tudo. Antes de tudo eu desejaria saber se não estás insatisfeito com as pequenas liberdades que tomei com o* Pólen *e quanta liberdade me permitirás futuramente com teus artigos".*

* * *

Em torno dessa coletânea de fragmentos, que teve o condão de transformar Hardenberg em Novalis e recebeu de seu autor o título de* Blüthenstaub — *literalmente: "pó de eflorescências" —, giram os textos reunidos neste volume, que foram transcritos diretamente dos manuscritos.*

Os primeiros *fragmentos* propriamente ditos, *pretendidos tais por Hardenberg, são os nove que compõem a* Folha de fragmentos *de 1797; fazem a transição entre a época dos estudos filosóficos — de que trazem as marcas — e a fase dos fragmentos de* Pólen.

O manuscrito de* Pólen *enviado por Hardenberg para publicação — que deveria conter as anotações e modificações do punho de Schlegel — está, infelizmente, desaparecido. No entanto, encontrou-se entre os papéis póstumos um manuscrito completo, com o título de* Vermischte Bemerkungen (Observações entremescladas), *que seguramente foi utilizado como fonte para a elaboração do manuscrito perdido. Sua publicação lado a lado com o texto de* Pólen (*tal como está impresso em* Athenaeum) *permite, em certa medida, avaliar a intervenção que o texto sofreu, embora nem sempre seja possível* *distinguir as modificações que teriam sido introduzidas pelo próprio autor e as que se devem à iniciativa de Schlegel. Em muitos casos, porém, além dos expressamente admitidos, o cotejo é esclarecedor. É curioso notar, além disso, que muitos trechos que foram riscados no manuscrito existente (aqui indicados pelos sinais < >) aparecem mantidos no texto publicado.*

A numeração marginal dos fragmentos, inexistente no original, onde são simplesmente separados por um traço horizontal, foi introduzida pelos editores para facilidade de referência — e, sem dúvida, nesse caso, facilita a comparação, especialmente dos fragmentos que foram desmembrados e remontados. A numeração marginal de Pólen *reproduz a ordem da publicação em* Athenaeum, *de 1798.*

As coletâneas seguintes fazem parte de um conjunto que os editores alemães reuniram, com numeração seguida, sob o título geral de Preparativos para diferentes coletâneas de fragmentos.

Os Fragmentos logológicos *(inicialmente intitulados* Fragmentos filosóficos) *contêm as observações mais gerais de Novalis sobre a filosofia — mas entendida especificamente como* logologia, *palavra inventada para referir-se à Doutrina-da-ciência de Fichte, que se autodefinia como "ciência da ciência" ou "saber do saber" e que Novalis interpreta, bem a propósito, como filosofia em segunda potência, elevada pela reflexão à clara e completa consciência de si mesma. Assim o poeta situa sua reflexão, no plano filosófico, à altura do que havia de mais moderno e avançado em sua época. Nessa coletânea, aparecem em maior número fragmentos mais longos, que são como pequenas dissertações ou ensaios, à maneira de alguns que já haviam aparecido entre as* Observações entremescladas *(o 75 ou o 121, por exemplo). O último deles é uma anotação de leitura, de uma resenha de Fichte, a que Hardenberg aplica seu próprio conceito de "profetismo metódico".*

O conjunto seguinte, Poesia, *origina-se do anterior. Seu primeiro fragmento (n. 31) iria ser, inicialmente, o n. 5 dos* Logológicos, *de modo que é lícito supor que as duas coletâneas tenham sido escritas ao mesmo tempo. De fato, o projeto de uma poesia transcendental, futura, tornada possível pela descoberta da logologia (n. 43), é o eixo da ligação feita por Novalis entre filosofia e poesia. A partir desse contexto compreende-se melhor que Hardenberg tenha sido levado a escrever a tão citada observação: "A poesia é o herói da filosofia. A fil[osofia] eleva a poesia a princípio. Ensina-nos a conhecer o valor da poesia. Fil[osofia] é a* teoria *da poesia. Mostra-nos o que a poesia é, que ela é um e tudo" (Fragmentos III, n. 280). Ou, no n. 717 do* Borrador universal: *"A separação de poeta e pensador é apenas aparente — e em* detrimento *de ambos —". Assim, torna-se possível ler, em tom menos enfático do que se costuma emprestar-lhe, aquela anotação dos* Fragmentos de Teplitz (in *n. 473)*: "A poesia é o genuinamente, absolutamente real. Este é o cerne de minha filosofia. Quanto mais poético, tanto mais verdadeiro".

Em apêndice a Poesia, *foi incluída uma tradução da carta a Wilhelm Schlegel, de 12 de janeiro de 1798, que contém, explicitados e esclarecidos, temas centrais dessa coletânea, em especial a relação entre prosa e poesia, ao lado de aspectos interessantes da posição de Novalis com relação ao tema "amor" (entendido como fim, como meio?).*

Poeticismos *são fragmentos de crítica literária — aplicação das concepções próprias a outros autores e aos gêneros.*

O manuscrito dos Fragmentos I e II *é o que mais se aproxima do estado de rascunho. Muitas anotações são lembretes para uso próprio, projetos para futuro exame e desenvolvimento, notas. Ao lado disso, há fragmentos tão bem acabados quanto os de* Pólen *e pequenos ensaios mais extensos. Nessas duas coletâneas, os temas voltam a entremesclar-se, agora com a preocupação de desenvolver e fundamentar as ideias propostas em* Pólen. *São exemplos daquela elaboração a que Hardenberg se refere no* Borrador universal *(n. 951), ao escrever: "Tentativas de demonstração de minhas proposições de* Pólen". *Já na carta de 26 de dezembro de 1797, a Friedrich Schlegel, após qualificar seus fragmentos de "mergulhias", ele manifestava essa intenção, ao escrever: "De teor revolucionário eles me parecem suficientemente — sem dúvida estou ainda muito envolvido agora em exercícios preliminares. De demonstrações permaneço devedor". O n. 122 dos* Fragmentos I, *por exemplo, delineia uma pequena teoria do conhecimento, a partir de uma hipotética "privação de sentidos", que, completada pelas elaborações teóricas do n. 118, facilita o entendimento de vários fragmentos bastante célebres de* Pólen, *em particular o 17 ("para dentro vai o misterioso caminho"), o próprio 23 ("a crença em genuínas revelações do espírito") e o 43 ("quão relativo é o sair e entrar"). Um texto importante para a concepção do Romantismo é o n. 115, onde o "romantizar" é definido como uma operação de alternância entre potenciação e logaritmização qualitativas.*

A coletânea que vem a seguir, Fragmentos ou tarefas de pensamento, *parece ter sido composta como um modelo do que seria o texto acabado e definitivo de uma coletânea de fragmentos. São apenas onze, que retomam e elaboram indicações do manuscrito anterior. É interessante notar que, aqui, o único fragmento riscado é justamente o mais extenso, mais dissertativo. Talvez tenha sido pensada, como uma das exigências do gênero, a questão do tamanho.*

O primeiro de Anedotas *é o exercício literário de escrever uma anedota, fiel ao n. 25 das* Observações entremescladas *("o expositor tem de poder e querer expor tudo"), seguido de uma elaboração filosófica da questão da anedota, ligada ao conceito de* chiste, *que preocupa Novalis desde* Pólen.

Os seis diálogos e o monólogo já foram interpretados por comentadores como um experimento literário de outro tipo — o de pôr efetivamente em prática o conceito romântico de ironia. *Retomam, parodicamente, muitos dos temas dos fragmentos — no primeiro diálogo, por exemplo, em lugar de "encontramos sempre apenas coisas"* (Observações entremescladas n. 1), *um dos interlocutores irá dizer: "vemos agora apenas livros, e não mais coisas" — e procuram verificar praticamente certas propostas teóricas da coletânea* Anedotas, *em especial esta: "Um diálogo, se for absolutamente breve, é uma anedota". No* Monólogo, *enfim, ainda que em contexto próprio, leremos: "O verdadeiro diálogo é um mero jogo de palavras".*

* * *

A tradução procura manter, até o limite de tolerância da língua portuguesa, a máxima literalidade, assim no plano semântico e léxico (em todos os contextos, sempre que possível, a mesma palavra alemã pela mesma palavra nossa, palavras de mesma família pela mesma família de palavras etc.) como no plano sintático e gramatical (construção de períodos, formas de subordinação etc.). Foi também mantida, maciçamente, a pontuação característica dos manuscritos (inclusive o uso do sinal "/" como indicativo de parênteses), só completando-a, algumas vezes, para facilitar a leitura, com um sinal de pontuação entre colchetes. No começo o leitor poderá estranhar, em especial, o uso dos travessões — que em alemão se chamam Gedankenstriche, *"traços de pensamento" — e que de fato, nestes textos, marcam bastante perceptivelmente um ritmo próprio de respiração do pensamento. A utilidade desse cuidado com a pontuação ficará clara, particularmente, na comparação entre o texto publicado de* Pólen *e o texto do manuscrito.*

As notas indicam referências, fontes, correções no manuscrito, duplicações ou variantes, dificuldades de tradução — na medida em que contribuam para possibilitar a leitura do texto e alertar que ele tem muitos alçapões. Alguns poderiam supor que essas notas, tomadas em seu conjunto, viriam a constituir uma rede de leitura, um sistema, uma interpretação minha: saibam que esse efeito, caso venha a ocorrer, terá sido involuntário. O importante aqui é unicamente a integridade do texto de Novalis. Percorra o leitor essas páginas com calma e imparcialidade, fazendo sua própria leitura, e recorra às notas somente quando sentir necessidade disso — lembrando que elas, obrigação para o tradutor, são para ele apenas uma comodidade.

* * *

Leve em conta entretanto, em reverência a Hardenberg, estas instruções que ele mesmo deixou, avulsas, no meio de seus fragmentos (Fragmentos III, *n. 318*):

"O que nestas folhas está riscado — precisaria ainda, mesmo do ponto de vista do esboço, de muitas correções etc. Muita coisa é totalmente falsa — muita insignificante — muita de viés. O que está entre parênteses é verdade totalmente problemática — não pode ser usado assim. Do restante, só muito pouco está maduro para a impressão — p. ex. como fragmento. A maioria ainda é rudimentar. Muito — muitíssimo faz parte de uma grande ideia única, sumamente importante. Não creio que haja algo de não significativo entre o que não está riscado. O assinalado eu gostaria de recolher numa coletânea de novos fragmentos, e elaborar para isso. O demais deverá esperar por uma execução mais demorada. Pelo progredir torna-se tanta coisa dispensável — tanta coisa aparece em outra luz — de modo que, antes da execução da grande ideia, que muda tudo, *eu não gostaria de elaborar algo isolado".*

FOLHA DE FRAGMENTOS

1   O ato filosófico genuíno é suicídio;[1] tal é o real começo de toda filosofia, nessa direção vai todo o carecimento do novato filosófico, e somente esse ato corresponde a todas as condições e características da ação transcendental. Desenvolvimento desse pensamento sumamente interessante.

2   Tudo o que é insigne merece o ostracismo. É bom quando ele o dá a si mesmo. Todo absoluto tem de ostracizar para fora do mundo. No mundo é preciso viver com o mundo. Só se vive, quando se vive no sentido dos homens com os quais se vive. Tudo o que é bom no mundo vem de dentro/ e portanto lhe vem de fora/, mas só relampeja através. O insigne leva o mundo adiante, mas também tem de logo retirar-se.

3   Tenho por Söfchen[2] religião — não amor. Amor absoluto, independente do coração, fundamentado em crença, é religião.

4   Amor pode por vontade absoluta passar a religião.[3] Do ser supremo só nos tornamos dignos pela morte./ Morte de reconciliação./

5   Mescla de vontade e impulso ao saber — é crença.

6   Todo enfeitiçamento ocorre por identificação parcial com o enfeitiçado — aquele que desse modo sou capaz de forçar a ver, crer, sentir uma coisa assim como eu quero.[4]

7   Toda sensação absoluta é religiosa./ Religião do belo. Religião do artista./ /Conclusão a tirar disso./

8   Hipocondria é uma doença muito notável. Há uma pequena e uma sublime hipocondria.[5] A partir daqui é preciso tentar penetrar na alma./ Outras doenças mentais./

9   Deveriam talvez corpo e alma ser separados de certa maneira — e não é fraqueza, quando toda afecção de um é igualmente também afecção do outro — sem interveniência da vontade?[6]

PÓLEN /
OBSERVAÇÕES ENTREMESCLADAS

PÓLEN

Amigos, o chão está pobre, precisamos espalhar ricas sementes
Para que nos medrem colheitas apenas módicas.

1. *Procuramos por toda parte o incondicionado, e encontramos sempre apenas coisas.* [1]

---

2. *A designação através de sons e traços é uma abstração admirável. Quatro letras me designam Deus; alguns traços um milhão de coisas. Quão fácil se torna aqui o manejo do universo, quão visível a concentricidade do mundo dos espíritos! A gramática é a dinâmica do reino dos espíritos. Uma palavra de comando move exércitos; a palavra liberdade nações.* [2]

---

3. *O Estado mundial é o corpo, que o belo mundo, o mundo social, anima. É o seu órgão necessário.* [3]

---

4. *Anos de aprendizado são para o novato poético, anos acadêmicos para o filosófico. Academia deveria ser um instituto inteiramente filosófico: apenas uma única faculdade; o estabelecimento todo organizado para suscitar e exercitar finalisticamente a faculdade de pensar.* [in 4]

OBSERVAÇÕES ENTREMESCLADAS

1   *Procuramos* por toda parte o incondicionado e *encontramos* sempre apenas coisas.[1]

2   A designação através de sons e traços é uma abstração admirável. Quatro letras me designam Deus — Alguns traços um milhão de coisas.[2] Quão fácil se torna aqui o manejo do universo! quão visível a concentricidade do mundo dos espíritos! a gramática é a dinâmica do reino dos espíritos! Uma palavra de comando move exércitos — a palavra liberdade — nações.

3   O Estado mundial é o corpo, que o belo mundo, o mundo social — anima. É o seu órgão necessário.[3]

4   Anos de aprendizado[4] são para o novato poético — anos acadêmicos para o filosófico.
   Academia deveria ser um instituto inteiramente filosófico — Apenas uma única faculdade — o estabelecimento todo — organizado[5] — para suscitar e exercitar finalisticamente a *faculdade de pensar*.

5.   *Anos de aprendizado no sentido eminente são os anos de aprendizado da arte de viver. Através de ensaios planejadamente ordenados aprende-se a conhecer os princípios dessa arte e adquire-se a destreza de proceder segundo esses princípios ao bel-prazer. [in 4]*

———————

6.   *A compreender-nos totalmente, nós não chegaremos nunca, mas podemo--nos, e iremos, muito mais que compreender. [6]*

———————

7.   *Certas inibições comparam-se aos toques de dedos de um flautista, que para produzir diferentes sons ora tapa esta ora aquela abertura, e parece fazer encadeamentos arbitrários de aberturas mudas e soantes. [7]*

———————

8.   *A distinção entre ilusão e verdade está na diferença de suas funções vitais. A ilusão vive da verdade; a verdade tem sua vida em si. Aniquila-se a ilusão, como se aniquilam doenças, e a ilusão portanto nada é senão incandescimento lógico ou apagamento, exaltação ou filisteísmo. Aquela costuma deixar atrás de si uma aparente deficiência de faculdade de pensar, que não pode ser removida por nada, a não ser uma série decrescente de incitamentos, meios coercitivos. Este passa frequentemente a uma enganosa vitalidade, cujos perigosos sintomas de revolução só podem ser repelidos através de uma série crescente de meios violentos. Ambas as disposições só podem ser alteradas através de curas crônicas, seguidas com rigor. [8]*

———————

9.   *A totalidade de nossa faculdade perceptiva compara-se ao olho. Os objetos têm de passar através de meios opostos, para aparecer corretamente na pupila. [9]*

———————

Anos de aprendizado no sentido eminente são os anos de aprendizado da arte de viver. Através de ensaios planejadamente ordenados aprende-se a conhecer os princípios dessa arte e adquire-se a destreza de proceder segundo esses princípios ao bel-prazer.[6]

5 O espírito efetua uma eterna autodemonstração.[7]

6 A compreender-nos totalmente, nós não chegaremos nunca, mas podemo-nos, e iremos, muito mais que compreender[8]

7 Certas *inibições* comparam-se aos toques de dedos de um flautista, que para produzir diferentes sons ora tapa esta ora aquela abertura e *parece* fazer encadeamentos *arbitrários* de aberturas mudas e soantes.[9]

8 A distinção entre ilusão[10] e verdade está na diferença de suas funções vitais.

A ilusão vive da verdade — a verdade tem sua vida em si. Aniquila-se a ilusão, como se aniquilam doenças — e a ilusão portanto nada é, senão incandescimento lógico, ou apagamento — exaltação[11] ou filisteísmo.[12] Aquela costuma deixar atrás de si — uma *aparente deficiência de faculdade de pensar*, que não pode ser removida por nada, a não ser uma série decrescente de incitamentos (meios coercitivos).[13] Este passa frequentemente a uma *enganosa vitalidade*, cujos perigosos sintomas de revolução só podem ser repelidos através de uma série crescente de meios violentos.

Ambas as disposições só podem ser alteradas através de curas crônicas, seguidas com rigor.

9 A totalidade de nossa faculdade perceptiva compara-se ao olho. Os objetos têm de passar através de meios opostos para aparecer corretamente na pupila.[14]

10.   *A experiência é a prova do racional, e vice-versa. A insuficiência da mera teoria na aplicação, sobre a qual o homem prático frequentemente comenta, encontra-se reciprocamente na aplicação racional da mera experiência, e é notada pelo filósofo genuíno, embora com espontânea admissão da necessidade desse resultado, bastante perceptivelmente. O homem prático rejeita por isso a mera teoria por inteiro, sem pressentir quão problemática poderia ser a tentativa de resposta à questão: "Se a teoria é para a aplicação, ou a aplicação em vista da teoria?" [10]*

---

11.   *O mais alto é o mais inteligível, o mais próximo, o mais indispensável.* [in *12*]

---

12.   *Os prodígios estão, com os efeitos da legalidade natural, em alternância: limitam-se mutuamente uns aos outros, e juntos constituem um todo. Estão unificados ao suprimirem-se mutua mente. Não há prodígio sem acontecimento natural e vice-versa.* [*13*]

---

13.   *A natureza é inimiga de posses eternas. Destrói segundo firmes leis todos os sinais da propriedade, extermina todos os indícios da formação. A todas as espécies pertence a Terra; cada qual tem direito a tudo. As mais antigas não podem agradecer a esse acaso de progenitura nenhuma preferência. — O direito de propriedade se extingue a tempos determinados. O melhoramento e deterioração estão sob condições imutáveis. Se porém o corpo é uma propriedade, através da qual eu conquisto somente os direitos*

10   A experiência é a prova do racional — e vice-versa.

A insuficiência da *mera* teoria na aplicação, sobre a qual o homem prático frequentemente comenta[15] — encontra-se reciprocamente na aplicação racional da *mera* experiência e é notada pelo filósofo genuíno, embora com espontânea admissão da necessidade desse resultado, bastante perceptivelmente. O homem prático rejeita por isso a mera teoria por inteiro, sem pressentir quão problemática poderia ser a tentativa de resposta à questão —

Se a teoria é para a aplicação ou a aplicação em vista da teoria?

11   A morte é uma vitória sobre si — que, como toda autossuperação, proporciona uma existência nova, mais leve e fácil.[16]

12   O costumeiro e comum exige de nós tanta força e esforço, talvez, porque para o ser humano propriamente dito nada é mais desacostumado — nada é mais incomum que a mesquinha costumeiridade?[17]

O mais alto é o mais inteligível — o mais próximo, o mais indispensável. Somente através da infamiliaridade conosco mesmos[18] — desacostumamento de nós mesmos, nasce aqui uma inconceptibilidade, que é ela mesma inconcebível.

13   Os prodígios estão, com os efeitos da legalidade natural, em alternância[19] — Limitam-se mutuamente uns aos outros, e juntos constituem um todo. Estão unificados ao suprimirem-se mutuamente. Não há prodígio sem acontecimento natural e vice-versa.

14   A natureza é inimiga de posses eternas. Destrói segundo firmes leis todos os sinais da propriedade, extermina todos os indícios da formação. A todas as espécies pertence a Terra — cada qual tem direito a tudo. As mais antigas não podem agradecer a esse acaso de primogenitura nenhuma preferência. O direito de propriedade se extingue a tempos determinados. O melhoramento e deterioração estão sob condições imutáveis. Se porém o corpo é uma propriedade, através da qual eu conquisto somente os direitos

de um ativo cidadão da Terra, então não posso, através da perda dessa propriedade, ser privado de mim mesmo. Não perco nada, a não ser o lugar nesta escola de príncipes, e entro numa corporação superior, para onde meus condiscípulos amados me seguem. [14]

---

14. *Vida é o começo da morte. A vida é em vista da morte. A morte é término e começo ao mesmo tempo, separação e mais estreita autovinculação ao mesmo tempo. Através da morte a redução se perfaz. [15]*

---

15. *Também a filosofia tem suas flores. São os pensamentos, dos quais nunca se sabe se se deve chamá-los belos ou chistosos. [Friedrich Schlegel]*

---

16. *A fantasia põe o mundo futuro seja na altura, ou na profundeza, ou na metempsicose, em relação a nós. Sonhamos com viagens através do todo cósmico: então o universo não está dentro de nós? As profundezas de nosso espírito nós não conhecemos. — Para dentro vai o misterioso caminho. Em nós, ou em parte nenhuma, está a eternidade com seus mundos, o passado e o futuro. O mundo exterior é o mundo das sombras, lança suas sombras no reino da luz. Agora parece-nos, sem dúvida, interiormente tão escuro, solitário, amorfo, mas quão totalmente diferente nos parecerá, quando esse entenebramento tiver passado, quando o corpo de sombra estiver afastado. Iremos fruir mais que nunca, pois nosso espírito passou privação. [17]*

---

17. *Darwin faz a observação de que somos menos ofuscados pela luz ao acordar, quando tivermos sonhado com objetos visíveis. Afortunados, portanto, aqueles que já aqui sonharam com ver! Poderão mais cedo suportar a glória daquele mundo. [18]*

---

de um ativo cidadão da Terra,[20] então não posso, através da perda dessa propriedade, ser privado de mim mesmo — Não perco nada, a não ser o lugar nesta escola de príncipes — e entro numa corporação superior, para onde meus condiscípulos amados me seguem.

15   Vida é o começo da morte. A vida é em vista da morte. A morte é término e começo ao mesmo tempo — separação e mais estreita autovinculação ao mesmo tempo. Através da morte a redução[21] se perfaz.

16   Estamos próximos do despertar, quando sonhamos que sonhamos.

17   A fantasia põe o mundo futuro seja na altura, ou na profundeza, ou na metempsicose, em relação a nós. Sonhamos com viagens através do todo cósmico — Então o universo não está *dentro de nós*? As profundezas de nosso espírito nós não conhecemos — Para dentro vai o misterioso caminho.[22] Em nós, ou em parte nenhuma, está a eternidade com seus mundos — o passado e o futuro. O mundo exterior é o mundo das sombras — Lança suas sombras no reino da luz. Agora parece-nos, sem dúvida, interiormente tão escuro, solitário, amorfo — Mas quão totalmente diferente nos parecerá — quando esse entenebramento tiver passado, quando o corpo de sombra estiver afastado — Iremos fruir mais que nunca,[23] pois nosso espírito passou privação.

18   Darwin[24] faz a observação de que somos menos ofuscados pela luz, ao acordar — quando tivermos sonhado com objetos visíveis. Afortunados, portanto, aqueles que já aqui sonharam com ver — poderão mais cedo suportar a glória daquele mundo!

18.   *Como pode um ser humano ter sentido para algo, se não tem o germe dele em si? O que devo entender tem de desenvolver-se em mim organicamente; e aquilo que pareço aprender é apenas alimento, incitamento do organismo.* [*19*]

---

19.   *A sede da alma é ali onde o mundo interior e o mundo exterior se tocam. Onde eles se interpenetram, está ela em cada ponto da interpenetração.* [20]

---

20.   *Quando na comunicação dos pensamentos alternamo-nos entre absoluto entendimento e absoluto não-entendimento, isso já pode ser chamado uma amizade filosófica. Conosco mesmos não nos saímos melhor. E a vida de um homem pensante será algo outro, que não uma constante sinfilosofia interior?* [*Friedrich Schlegel*]

---

21.   *Gênio é a faculdade de tratar de objetos imaginados como se se tratasse de objetos efetivos, e também de tratá-los como a estes. O talento para expor, observar com precisão, descrever finalisticamente a observação, é portanto diferente do gênio. Sem esse talento vê-se somente pela metade, e se é somente um meio gênio; pode-se ter uma disposição genial, que, na falta daquele talento, nunca chega ao desenvolvimento.* [in 22]

19   Como pode um ser humano ter sentido para algo, se não tem o germe dele em si. O que devo entender tem de desenvolver-se em mim organicamente — e aquilo que pareço aprender é apenas alimento, incitamento[25] do organismo.

20   A sede da alma[26] é ali onde o mundo interior e o mundo exterior se tocam. Onde eles se interpenetram — está ela em cada ponto da interpenetração.

21   A vida de um ser humano verdadeiramente canônico[27] tem de ser simbólica[28] de ponta a ponta. Não seria, sob esta pressuposição, toda morte uma morte de reconciliação? — Em maior ou menor grau, entende-se — e não se poderiam extrair daí várias consequências sumamente notáveis?[29]

22   Quem procura, duvidará. O gênio porém diz tão atrevida e seguramente[30] o que vê passar-se dentro de si porque não está embaraçado em sua exposição[31] e, portanto, tampouco a exposição embaraçada [n]ele, mas sua consideração e o considerado parecem consoar livremente, unificar-se livremente numa obra única.

Quando falamos do mundo exterior, quando descrevemos objetos efetivos, então procedemos como o gênio.[32] Assim é, portanto, o gênio, a faculdade de tratar de objetos imaginados como se se tratasse de objetos efetivos, e também de tratá-los como a estes.[33] O talento para expor, observar com precisão — descrever finalisticamente a observação — é portanto diferente do gênio. Sem esse talento vê-se somente pela metade — e se é somente um meio gênio — pode-se ter uma disposição genial, que na falta daquele talento nunca chega ao desenvolvimento.

Sem genialidade todos nós simplesmente não existiríamos. Gênio é necessário para tudo. Aquilo, porém, que de costume se denomina gênio — é gênio do gênio.[34]

22.   *O mais arbitrário dos preconceitos é que ao ser humano seja negada a faculdade de ser fora de si, de estar com consciência além dos sentidos. O ser humano é capaz de ser em cada instante um ser suprassensível. Sem isso não seria cidadão do mundo, seria um animal. Sem dúvida a clareza de consciência, achamento-de-si-mesmo, nesse estado é muito difícil, de vez que ele está tão incessantemente, tão necessariamente vinculado com a alternância de nossos demais estados. Quanto mais, porém, somos capazes de estar conscientes desse estado, mais vital, potente, satisfatória é a convicção, que nasce daí; a crença em genuínas revelações do espírito. Não é nenhum ver, ouvir, sentir; é composto de todos os três, mais que todos os três: uma sensação de imediata certeza, uma inspeção de minha vida mais verdadeira, mais própria. Os pensamentos metamorfoseiam-se em leis — os desejos em realizações. Para os fracos o fato desse momento é um artigo de fé. Notável se torna o fenômeno particularmente à vista de muitas figuras e rostos humanos, especialmente à contemplação de muitos olhos, muitas feições, muitos movimentos, à audição de certas palavras, à leitura de certos trechos, a certas perspectivas sobre a vida, o mundo e o destino. Muitíssimos acasos, muitos acontecimentos naturais, particularmente tempos do ano e do dia, fornecem-nos tais experiências. Certas tonalidades afetivas são eminentemente favoráveis a tais revelações. A maioria delas é instantânea, poucas se demoram, uma minoria é estável. Aqui há muita distinção entre os homens. Um tem mais suscetibilidade à revelação que o outro. Um tem mais sentido, o outro mais entendimento para a mesma. Este último permanecerá sempre em sua branda luz, quando o primeiro tem somente iluminações cambiantes, mas mais claras e múltiplas. Essa faculdade é igualmente suscetível de doença, que designa, seja excedência de sentido e deficiência de entendimento, ou excedência de entendimento e deficiência de sentido. [23]*

———————

23.   *Vergonha é bem um sentimento de profanação. Amizade, amor e piedade deveriam ser tratados misteriosamente. Somente em raros, íntimos momentos se deveria falar deles, entender-se tacitamente sobre eles. Muitas coisas são delicadas demais para ser pensadas, várias, ainda, para ser pronunciadas. [25]*

23   O mais arbitrário dos preconceitos é que ao ser humano seja negada a faculdade de ser *fora de si*, de estar com consciência além dos sentidos. O ser humano é capaz de ser em cada instante um ser suprassensível.[35] Sem isso não seria cidadão do mundo — seria um animal.[36] Sem dúvida a clareza de consciência[37] nesse estado, o achamento de Si Mesmo — é muito difícil, de vez que ele está tão incessantemente, tão necessariamente vinculado com a alternância de nossos demais estados. Quanto mais, porém, somos capazes de estar conscientes desse estado, mais vital, potente e satisfatória é a convicção, que nasce daí — a crença em genuínas revelações do espírito. Não é nenhum ver — ouvir — sentir —[38] é composto de todos os três — mais que todos os três — uma sensação de imediata certeza — uma inspeção de minha vida mais verdadeira, mais própria — os pensamentos metamorfoseiam-se em leis — os desejos em realizações.[39] Para os fracos o *fato desse momento é um artigo de fé.*

     Notável se torna o fenômeno particularmente à vista de muitas figuras e rostos humanos — especialmente à contemplação de muitos olhos, muitas feições, muitos movimentos — à audição de certas palavras, à leitura de certos trechos — a certas perspectivas sobre a vida, o mundo e o destino. Muitíssimos acasos, muitos acontecimentos naturais, certos particulares tempos do ano e do dia, fornecem-nos tais experiências. Certas tonalidades afetivas[40] são eminentemente favoráveis a tais revelações. A maioria delas é instantânea — Poucas se dilatam — uma minoria é estável. Aqui há muita distinção entre os homens. Um tem mais suscetibilidade à revelação que o outro — Um mais *sentido*, o outro mais entendimento para a mesma. Este último permanecerá sempre em sua branda luz; quando o primeiro tem somente iluminações cambiantes, mas mais claras e múltiplas. Essa faculdade é igualmente suscetível de doença, que designa, seja excedência de sentido e deficiência de entendimento — ou excedência de entendimento e deficiência de sentido.

24   Quando o ser humano não consegue ir adiante, ele se ajuda com um decreto-lei,[41] ou com uma ação-lei — uma decisão rápida.[42]

25   Vergonha é bem um sentimento de profanação. Amizade, amor e piedade deveriam ser tratados misteriosamente. Somente em raros, íntimos momentos se deveria falar deles, entender-se tacitamente sobre eles — Muitas coisas são delicadas demais para ser pensadas, várias, ainda, para ser pronunciadas.

II. Blüthenstaub.

Freunde, der Boden ist arm, wir müßen reichlichen Samen
Ausstreun, daß uns doch nur mäßige Erndten gedeihn.

Wir suchen überall das Unbebingte, und finden immer nur Dinge.

Die Bezeichnung durch Töne und Striche ist eine bewundernswürdige Abstrakzion. Vier Buchstaben bezeichnen mir Gott; einige Striche eine Million Dinge. Wie leicht wird hier die Handhabung des Universums, wie anschaulich die Konzentrizität der Geisterwelt! Die Sprachlehre ist die Dynamik des Geisterreichs. Ein Kommandowort bewegt Armeen; das Wort Freyheit Nazionen.

Der Weltstaat ist der Körper, den die schöne Welt, die gesellige Welt, beseelt. Er ist ihr nothwendiges Organ.

Primeira página de *Pólen*

Observações entremescladas – final do nº. 22, início do nº. 23.
(Manuscrito B, folha 13a)

24.   *Autoexteriorização é a fonte de todo rebaixamento, assim como, ao contrário, o fundamento de toda genuína elevação. O primeiro passo vem a ser olhar para dentro, contemplação isolante de nosso eu. Quem se detém aqui só logra metade. O segundo passo tem de ser eficaz olhar para fora, observação autoativa, contida, do mundo exterior.* [in 26]

---

25.   *Nunca realizará como expositor algo eminente, aquele que não gosta de expor nada além de suas experiências, seus objetos de predileção, que não é capaz de convencer-se a também estudar com indústria e expor com vagar um objeto totalmente alheio, totalmente desinteressante para ele. O expositor tem de poder e querer expor tudo. Através disso nasce o grande estilo de exposição que com razão tanto se admira em Goethe.* [in 26]

---

26.   *Uma vez que se tem a predileção pelo Absoluto e não se pode largar disso: não resta saída, a não ser contradizer sempre a si mesmo e vincular extremos opostos. O princípio de contradição está mesmo inevitavelmente perdido, e se tem somente a escolha entre querer comportar-se passivamente em relação a isso ou querer elevar a necessidade, pelo reconhecimento, à fidalguia de ação livre.* [Friedrich Schlegel]

---

27.   *Uma notável peculiaridade de Goethe observa-se em seus enlaces de ocorrências pequenas, insignificantes, com acontecimentos mais importantes. Ele parece não nutrir nenhum outro propósito nisso, a não ser ocupar a imaginação de um modo poético com um misterioso jogo. Também aqui esse gênio singular achou a pista das intenções da natureza e apanhou-lhe em flagrante um engenhoso artifício. A vida costumeira está cheia de acasos semelhantes. Constituem um jogo que como todo jogo desemboca em surpresa e ilusão.*

    Vários dizeres da vida comum repousam sobre uma observação dessa conexão reversa. Assim p. ex. sonhos ruins significam fortuna; boato de morte vida longa; um coelho, que atravessa o caminho, infortúnio. Quase a superstição toda do povo comum repousa sobre alusões a esse jogo. [27]

26   Autoexteriorização[43] é a fonte de todo rebaixamento, assim como, ao contrário, o fundamento de toda genuína elevação. O primeiro passo vem a ser olhar para dentro — contemplação isolante de nosso eu — Quem se detém aqui só logra metade. O segundo passo tem de ser eficaz olhar para fora — observação autoativa,[44] contida, do mundo exterior.

Nunca realizará, como expositor, algo eminente, o homem que não gosta de expor nada além de suas experiências, seus objetos de predileção, que não é capaz de convencer-se a também estudar com indústria e expor com vagar um objeto totalmente alheio, totalmente desinteressante para ele. O expositor tem de poder e querer expor tudo. Através disso nasce o grande estilo de exposição que, com razão, tanto se admira em Goethe.

27   Uma notável peculiaridade de Goethe observa-se em seus enlaces de ocorrências pequenas, insignificantes, com acontecimentos mais importantes. Ele parece não nutrir nenhum outro propósito nisso, a não ser ocupar a imaginação, de um modo poético, com um misterioso jogo. Também aqui esse homem[45] singular achou a pista das intenções da natureza e apanhou-lhe em flagrante um engenhoso artifício. A vida costumeira está cheia de acasos semelhantes. Constituem um jogo que, como todo jogo, desemboca em surpresa e ilusão.

Vários dizeres da vida comum repousam sobre uma observação dessa conexão reversa — assim p. ex: *sonhos ruins* significam fortuna — boato de morte, vida longa — um coelho que atravessa o caminho, infortúnio. Quase a superstição toda do povo comum repousa sobre alusões a esse jogo.

28.   *A suprema tarefa da formação é apoderar-se de seu si-mesmo transcendental, ser ao mesmo tempo o eu de seu eu. Tanto menos estranhável é a falta de sentido e entendimento completos para outros. Sem autoentendimento perfeito e acabado nunca se aprenderá a entender verdadeiramente a outros.* [28]

---

40.   *Em almas serenas não há nenhum chiste. Chiste indica um equilíbrio perturbado: é a consequência da perturbação e ao mesmo tempo o meio de restabelecimento. O mais forte dos chistes é o da paixão. O estado de dissolução de todas as relações, o desespero ou o morrer espiritual é chistoso da maneira mais amedrontadora.* [in 30]

---

30.   *O insignificante, comum, rude, feio, indecente, torna-se, através do chiste unicamente, compatível com a sociedade. É como que somente em vista do chiste: sua determinação final é o chiste.* [in 30]

---

31.   *Para tratar o comum, quando não se é comum, com a força e a facilidade, de que se origina a graciosidade, é preciso não achar nada mais estranho que o comum, e ter sentido para o estranho, procurar e pressentir muito nele. Dessa maneira pode muito bem um homem, que vive em esferas totalmente outras, satisfazer as naturezas costumeiras de tal modo, que elas não se zangam com ele e o tomam por nada mais que aquilo que elas entre si chamam de amável.* [Friedrich Schlegel]

---

32.   *Estamos numa missão: para a formação da Terra fomos chamados.* [in 32]

28   A suprema tarefa da formação é — apoderar-se de seu si-mesmo transcendental — ser ao mesmo tempo o eu de seu eu.[46] Tanto menos estranhável é a falta de sentido e entendimento completos para outros. Sem autoentendimento perfeito e acabado[47] nunca se aprenderá a entender verdadeiramente a outros.

29   Somente mostro que entendi um escritor quando sou capaz de agir dentro de seu espírito, quando sou capaz de, sem estreitar sua individualidade, traduzi-lo e alterá-lo multiplamente.[48]

30   Humor é um maneirismo arbitrariamente adotado. O arbitrário é o picante nele — humor é o resultado de uma livre mescla de condicionado e incondicionado.[49] Através do humor o peculiarmente condicionado se torna universalmente interessante — e adquire valor objetivo. Onde fantasia e juízo se tocam nasce o chiste[50] — Onde razão e arbítrio fazem par — o humor. A zombaria faz parte do humor, mas é inferior em um grau — Não é mais puramente artística — e é muito mais limitada. Em almas serenas não há nenhum chiste. Chiste indica um equilíbrio perturbado — É a consequência da perturbação e ao mesmo tempo o meio de restabelecimento. O mais forte dos chistes é o da paixão. O genuíno chiste social é sem detonação. Há uma espécie dele que é apenas um mágico jogo de cores em esferas superiores.[51] O estado de dissolução de todas as relações — o desespero, ou o morrer espiritual — é chistoso da maneira mais amedrontadora.

< O insignificante, comum, rude, feio, indecente, torna-se, *através do chiste unicamente*, compatível com a sociedade. É como que somente *em vista do chiste* — sua determinação final é o chiste. >[52]

31   < Rico de espírito é aquilo em que o espírito incessantemente se revela — pelo menos, aparece frequentemente de novo, em forma alterada — Não apenas, digamos, uma vez só — assim no começo — como em muitos sistemas filosóficos. >[53]

32   Estamos numa *missão*. Para a formação da Terra fomos chamados. Se um espírito nos aparecesse, então nos apoderaríamos prontamente de nossa

33.   Se um espírito nos aparecesse, então nos apoderaríamos prontamente de nossa própria espiritualidade: seríamos inspirados por nós e pelo espírito ao mesmo tempo. Sem inspiração não há aparição de espíritos. Inspiração é aparição e contra-aparição, apropriação e comunicação ao mesmo tempo. [in 32]

---

34.   O ser humano continua a viver, a atuar, somente na ideia, pela recordação de sua existência. Por enquanto não há nenhum outro meio de atuações de espíritos neste mundo. Por isso é dever pensar nos mortos. É o único caminho para permanecer em comunidade com eles. Deus mesmo não é eficaz junto a nós de nenhum outro modo, senão através da crença. [33]

---

35.   Interesse é participação no padecer e na atividade de um ser. A mim algo interessa quando sabe suscitar-me à participação. Nenhum interesse é mais interessante que aquele que se tem por si mesmo; assim como o fundamento de uma notável amizade e amor é a participação a que me estimula um ser humano que está ocupado consigo mesmo, que através de sua comunicação como que me convida a tomar parte em sua ocupação. [34]

---

36.   Quem teria inventado o chiste? Toda propriedade, modo de ação de nosso espírito, trazida à consciência clara, é no sentido mais próprio um mundo recém-descoberto. [35]

---

29.   Humor é um maneirismo arbitrariamente adotado. O arbitrário é o picante nele: humor é o resultado de uma livre mescla de condicionado e incondicionado. Através do humor o peculiarmente condicionado se torna universalmente interessante, e adquire valor objetivo. Onde fantasia e juízo se tocam, nasce o chiste; onde razão e arbítrio fazem par, humor. A zombaria faz parte do humor, mas é inferior em um grau: não é mais puramente artística, e é muito mais limitada. [in 30] O que Fr. Schlegel caracteriza como ironia não é, segundo meu parecer, nada outro senão a consequência, o caráter

própria espiritualidade — seríamos inspirados,[54] por nós e pelo espírito ao mesmo tempo — Sem inspiração não há aparição de espíritos. Inspiração é aparição e contra-aparição. Apropriação e comunicação ao mesmo tempo.

33   O ser humano continua a viver, a atuar, somente na ideia — pela recordação de sua existência. Por enquanto não há nenhum outro meio de atuações de espíritos neste mundo. Por isso é dever pensar nos mortos. É o único caminho para permanecer em comunidade com eles. Deus mesmo não é eficaz junto a nós de nenhum outro modo — senão através da crença.

34   Interesse é participação[55] no padecer e na atividade de um ser. A mim algo interessa quando sabe suscitar-me à participação. Nenhum interesse é mais interessante que aquele que se tem por si mesmo[56] — assim como o fundamento de uma notável amizade e amor é a participação, a que me estimula um ser humano que está ocupado consigo mesmo, que através de sua comunicação como que me convida a tomar parte em sua ocupação.

35   Quem teria inventado o chiste? Toda propriedade — modo de ação de nosso espírito — trazida à consciência clara, é no sentido mais próprio um mundo recém-descoberto.

36   O que Schlegel tão rigorosamente caracteriza como ironia[57] não é, segundo meu parecer, nada outro — senão a consequência, o caráter da genuína clareza de consciência — da verdadeira presença de espírito. O espírito aparece sempre apenas em forma *alheia*, *aérea*.[58] A ironia de Schlegel parece-me ser genuíno humor. Vários nomes são proveitosos a uma ideia.

da clareza de consciência, da verdadeira presença de espírito. A ironia de Schlegel parece-me ser genuíno humor. Vários nomes são proveitosos a uma ideia. [in 36]

---

37.   O espírito aparece sempre apenas em forma alheia, aérea. [in 36]

---

38.   Agora agita-se apenas aqui e ali espírito: quando o espírito se agitará no todo? quando a humanidade em massa começará a tomar consciência clara de si mesma? [37]

---

39.   O homem consiste na verdade. Se abre mão da verdade, abre mão de si mesmo. Quem trai a verdade trai a si mesmo. Aqui não se trata do mentir, mas do agir contra a convicção. [38]

---

41.   De um objeto digno de amor não podemos ouvir o bastante, falar o bastante. Alegramo-nos com cada palavra nova, certeira, glorificante. Não depende de nós, se ele não se torna objeto de todos os objetos. [39]

---

42.   Fixamos uma matéria inanimada por suas relações, suas formas. Amamos a matéria, na medida em que pertence a um ser amado, é portadora de seu traço, ou tem semelhança com ele. [40]

---

43.   Um clube genuíno é uma mescla de instituto e sociedade. Tem uma finalidade, como o instituto; mas não uma determinada, e sim indeterminada, livre: humanidade em geral. Toda finalidade é séria; a sociedade é inteiramente alegre. [41]

37   Agora agita-se apenas aqui e ali o espírito — quando o espírito se agitará no todo? — quando a humanidade em massa começará a tomar consciência clara de si mesma?[59]

38   O homem consiste na verdade — Se abre mão da verdade, abre mão de si mesmo. Quem trai a verdade trai a si mesmo. Aqui não se trata do mentir — mas do agir contra a convicção.

39   De um objeto digno de amor não podemos ouvir o bastante, falar o bastante. Alegramo-nos com cada palavra nova, certeira, glorificante. Não depende de nós, se ele não se torna objeto de todos os objetos.

40   Fixamos uma matéria inanimada por suas relações, suas formas. Amamos a matéria na medida em que pertence a um ser amado, é portadora de seu traço ou tem semelhança com ele.

41   Um clube genuíno é uma mescla de instituto e sociedade — Tem uma finalidade, como o instituto — mas não uma determinada, e sim indeterminada — livre — humanidade[60] em geral. Toda finalidade é séria — a sociedade é inteiramente alegre.

44.   *Os objetos do entretenimento social nada são, senão meios de vivificação. Isso determina sua escolha, sua alternância, seu tratamento. A sociedade nada é, senão vida em comum: uma indivisível pessoa pensando e sentindo. Cada ser humano é uma pequena sociedade. [42]*

---

45.   *Retornar para dentro de si significa, para nós, abstrair do inundo exterior. Para os espíritos a vida terrestre significa, analogicamente, uma consideração interior, um entrar dentro de si, um atuar imanente. Assim a vida terrestre origina-se de uma reflexão originária, um primitivo entrar-dentro-de-si, concentrar-se em si mesmo, que é tão livre quanto nossa reflexão. Inversamente, a vida espiritual neste mundo origina-se de um irromper daquela reflexão primitiva. O espírito volta a desdobrar-se, volta a sair de si mesmo, volta a suspender em parte aquela reflexão, e nesse momento diz pela primeira vez eu. Vê-se aqui quão relativo e o sair e entrar. O que chamamos entrar é propriamente sair uma retomada da figura inicial. [43]*

---

46.   *Se não se pode dizer algo a favor do recentemente tão maltratado homem cotidiano? Não pertence à medianidade persistente o máximo de força? e deve o homem ser mais que um do* popolo*? [44]*

---

47.   *Onde o genuíno pendor ao refletir, não meramente ao pensar deste ou daquele pensamento, é dominante, aí há também progressividade. Muitíssimos doutos não possuem esse pendor. Aprenderam a concluir e inferir, como um sapateiro a confecção de sapatos, sem jamais caírem na ideia de, ou esforçarem-se para, encontrar o fundamento dos pensamentos. Contudo, a salvação não está em nenhum outro caminho. Em muitos esse pendor dura apenas por um tempo. Cresce e diminui, muito frequentemente com os anos, frequentemente com a descoberta de um sistema, que só procuravam para, a seguir, ficar dispensados da fadiga da reflexão. [45]*

42   Os objetos do entretenimento social nada são, senão *meios de vivifica-ção*.[61] Isso determina sua escolha — sua alternância — seu tratamento. A sociedade nada é, senão *vida em comum* — Uma indivisível pessoa pensando e sentindo. Cada ser humano é uma pequena sociedade.

43   Retornar para dentro de si significa, para nós, abstrair do mundo exterior. Para os espíritos, a vida terrestre significa, analogicamente, uma consideração interior — um entrar dentro de si — um atuar imanente. Assim a vida terrestre origina-se de uma reflexão[62] originária — um primitivo entrar-dentro-de-si, concentrar-se em si mesmo — que é tão livre quanto nossa reflexão. Inversamente, a vida espiritual neste mundo origina-se de um irromper daquela reflexão primitiva — o espírito volta a desdobrar-se — o espírito volta a sair em direção a si mesmo — volta a suspender em parte aquela reflexão — e nesse momento diz pela primeira vez — eu. Vê-se aqui quão relativo é o sair e entrar. O que chamamos entrar é propriamente sair — uma retomada da figura inicial.[63]

44   Se não se pode dizer algo a favor do recentemente tão maltratado homem cotidiano? Não pertence à medianidade persistente o máximo de força? e deve o homem ser mais do que um do *popolo*?

45   Onde o genuíno pendor ao refletir,[64] não meramente ao pensar deste ou daquele pensamento, é dominante — aí há também *progredibilidade*.[65] Muitíssimos doutos não possuem esse pendor. Aprenderam a concluir e inferir, como um sapateiro a confecção de sapatos, sem jamais caírem na ideia de — ou esforçarem-se para — encontrar o fundamento dos pensamentos. Contudo, a salvação não está em nenhum outro caminho. Em muitos esse pendor dura apenas por um tempo — Cresce e diminui — Muito frequentemente com os anos — frequentemente com a descoberta de um sistema,[66] que só procuravam para, a seguir, ficar dispensados da fadiga da reflexão.

48.   *Erro e preconceito são fardos, meios indiretamente estimulantes para o autoativo, crescido à altura de todo fardo. Para o fraco são meios positivamente debilitantes. [46]*

———————

49.   *O povo é uma ideia. Devemos tornar-nos um povo. Um homem perfeito é um pequeno povo. Genuína popularidade é o alvo supremo do homem. [47]*

———————

50.   *Cada grau da formação começa com uma infância. Por isso o homem terrestre maximamente formado é tão semelhante à criança. [48]*

———————

51.   *Cada objeto amado é o centro de um paraíso. [50]*

———————

52.   *O interessante é aquilo que me põe em movimento, não em vista de mim mesmo, mas apenas como meio, como membro. O clássico não me perturba; afeta-me apenas indiretamente, através de mim mesmo. Não está aí para mim, como clássico, se eu não o ponho como um tal, que não me afetaria se eu não me determinasse, me incitasse eu mesmo à produção dele para mim; se eu não destacasse um pedaço de mim mesmo, e deixasse desenvolver-se esse germe de um modo peculiar perante meus olhos. Um desenvolvimento que frequentemente só precisa de um momento, e coincide com a percepção sensorial do objeto, de modo que vejo perante a mim um objeto, no qual o objeto comum e o ideal, mutuamente interpenetrados, formam apenas um único prodigioso indivíduo. [51]*

———————

46   Erro e preconceito são fardos — meios indiretamente estimulantes para o auto-ativo, crescido à altura de todo fardo — para o fraco são meios positivamente debilitantes.

47   O povo é uma ideia. Devemos tornar-nos um povo.[67] Um homem perfeito é um pequeno povo. Genuína popularidade é o alvo supremo do homem.

48   Cada grau da formação começa com uma infância. Por isso o homem terrestre maximamente formado é tão semelhante à criança.

49   O ponto de vista transcendental para esta vida espera por nós — somente ali se tornará ela verdadeiramente interessante para nós.[68]

50   Cada objeto amado é o centro de um paraíso.

51   O interessante é aquilo que me põe em movimento, não em vista de Mim Mesmo, mas apenas como meio, como membro. O *clássico* não me perturba — afeta-me apenas indiretamente, através de mim mesmo — Não está aí para mim como clássico, se eu não o ponho como um tal, que não me afetaria se eu não me determinasse — me tocasse[69] — eu mesmo à produção dele para mim, se eu não destacasse um pedaço de mim mesmo e deixasse desenvolver-se esse germe de um modo peculiar perante meus olhos — um desenvolvimento que frequentemente só precisa de um momento — e coincide com a percepção sensorial do objeto — de modo que vejo perante a mim um objeto, no qual o objeto comum e o ideal, *mutuamente interpenetrados*, formam um único prodigioso indivíduo.

53.   *Encontrar fórmulas para indivíduos-de-arte, somente através das quais eles são entendidos no sentido mais próprio, constitui o ofício do crítico artístico, cujos trabalhos preparam a história da arte. [52]*

---

54.   *Quanto mais confuso é um ser humano, frequentemente os confusos são chamados estúpidos, tanto mais pode-se fazer dele através de industriosa autoeducação; em contrapartida, as cabeças ordenadas têm de esforçar-se para se tornar verdadeiros doutos, enciclopedistas sólidos. Os confusos têm de lutar no começo com obstáculos poderosos, penetram apenas lentamente, aprendem com fadiga a trabalhar: mas também tornam-se então senhores e mestres para sempre. O ordenado penetra velozmente, mas também velozmente sai. Alcança logo o segundo grau: mas ali também costuma parar. Para ele os últimos passos se tornam penosos, e raramente ele consegue convencer-se a, já num determinado grau de maestria, colocar-se novamente no estado de um iniciante. Confusão indica excedência de força e faculdade, mas relações deficientes; determinidade indica relações corretas, mas parcimônia de faculdade e força. Por isso o confuso é tão progressivo, tão perfectível, enquanto o ordeiro termina tão cedo como filisteu. Ordem e determinidade, por si sós, não são clareza. Através de autoelaboração o confuso chega àquela celestial transparência, àquela autoiluminação, que o ordenado tão raramente alcança. O verdadeiro gênio vincula esses extremos. Compartilha a velocidade com este último e a plenitude com o primeiro. [53]*

---

55.   *O indivíduo interessa apenas, por isso tudo o que é clássico não é individual. [54]*

---

52   Encontrar fórmulas para indivíduos-de-arte,[70] somente através das quais eles são entendidos no sentido mais próprio, constitui o ofício do crítico artístico — cujos trabalhos preparam a história da arte.

53   Quanto mais confuso é um ser humano/ os confusos são chamados estúpidos/ tanto mais pode-se fazer dele através de industriosa autoeducação — em contrapartida as cabeças ordenadas têm de esforçar-se para se tornar verdadeiros doutos, enciclopedistas sólidos. Os confusos têm de lutar no começo com obstáculos poderosos — Penetram apenas *lentamente* — Aprendem com fadiga a trabalhar — mas também tornam-se então senhores e mestres para sempre. O ordenado penetra velozmente — mas também velozmente sai — Alcança logo o segundo grau — mas ali também costuma parar. Para ele os últimos passos se tornam penosos, e raramente ele consegue convencer-se a — já num determinado grau de maestria — colocar-se novamente no estado de um iniciante.

Confusão indica excedência de força e faculdade — mas relações deficientes — determinidade indica — relações corretas, mas parcimônia de faculdade e força.

Por isso o confuso é tão progressivo — tão perfectível — enquanto o ordeiro termina tão cedo como filisteu.

Ordem e determinidade, por si sós, não são clareza. Através de autoelaboração o confuso chega àquela celestial transparência — àquela autoiluminação — que o ordenado tão raramente alcança.

O verdadeiro gênio vincula esses extremos. Compartilha a velocidade com este último e a plenitude com o primeiro.

54   O indivíduo interessa apenas. Por isso tudo o que é clássico não é individual.

55   Sagacidade genial é uso sagaz da sagacidade.[71]

56.   *A verdadeira carta é por sua natureza poética.* [56]

---

57.   *Chiste, como princípio das afinidades, é ao mesmo tempo o* menstruum
universale. *Mesclas chistosas são p. ex. judeu e cosmopolita, infância
e sabedoria, roubo e nobreza de alma, virtude e hetairia, excedência e
deficiência de juízo na ingenuidade e assim por diante ao infinito.* [57]

---

58.   *O ser humano aparece em sua máxima dignidade quando sua primeira
impressão é a impressão de um gracejo absolutamente chistoso: ou seja, ser
espírito e indivíduo determinado ao mesmo tempo. Cada homem eminente tem
de parecer como que transpairado por um espírito, que parodia idealmente
o fenômeno visível. Em muitos homens é como se esse espírito fizesse uma
careta ao fenômeno visível.* [58]

---

59.   *Impulso de sociedade é impulso de organização. Através dessa
assimilação espiritual nasce frequentemente de componentes comuns uma
boa sociedade em torno de um homem rico de espírito.* [in 59]

---

60.   *O interessante é a matéria, que se movimenta em torno da beleza. Onde
há espírito e beleza, amontoa-se em vibrações concêntricas o melhor de
todas as naturezas.* [in 59]

---

61.   *O alemão foi por muito tempo o Joãozinho. Bem poderia porém tornar-se
em breve o João de todos os Joões. Passa-se com ele como deve passar-se
com muitas crianças estúpidas: viverá e será esperto, quando seus irmãos
precoces estiverem há muito tempo putrefeitos, e ele é agora senhor único
na casa.* [60]

---

56   A verdadeira carta é, por sua natureza, *poética*.

57   Chiste, como princípio das afinidades, e ao mesmo tempo o *menstruum universale*.[72]

Mesclas chistosas são p. ex. judeu e cosmopolita — infância e sabedoria — roubo e nobreza de alma — virtude e hetairia — excedência e deficiência de juízo, na ingenuidade — e assim por diante *in infinitum*.

58   O ser humano aparece em sua máxima dignidade, quando sua primeira impressão — é a impressão de um gracejo absolutamente chistoso — ou seja, ser espírito e indivíduo determinado ao mesmo tempo. Cada homem eminente tem de parecer como que transpairado por um espírito, que parodia idealmente o fenômeno visível.

Em muitos homens, frequentemente, esse espírito mostra o traseiro ao fenômeno visível.[73]

59   Impulso de sociedade é impulso de organização.[74] Através dessa assimilação espiritual nasce frequentemente de componentes comuns uma boa sociedade em torno de um homem rico de espírito.

O interessante é a matéria, que se movimenta em torno da beleza.

Onde há espírito e beleza, amontoa-se em vibrações concêntricas o melhor de todas as naturezas.

60   O alemão foi por muito tempo o Joãozinho. Bem poderia, porém tornar-se em breve o João de todos os Joões.

Passa-se com ele como deve passar-se com muitas crianças estúpidas — viverá e será esperto quando seus irmãos precoces estiverem há muito tempo putrefeitos, e ele é agora senhor único na casa.

62.   O melhor nas ciências é seu ingrediente filosófico, como a vida no corpo orgânico. Desfilosofem-se as ciências: o que resta? Terra, ar e água. [61]

———————

63.   Humanidade é um papel humorístico. [62]

———————

64.   *Nossa antiga nacionalidade era, ao que me parece, genuinamente romana. Natural, porque nós nascemos pelo mesmo caminho que os romanos; e assim seria o nome, império romano, verdadeiramente um acaso engenhoso, rico de sentido. Alemanha é Roma, como país. Um país é um lugar grande com seus jardins. O Capitólio poderia talvez determinar-se pela gritaria dos gansos diante dos gauleses. A instintiva política universal e tendência dos romanos está também no povo alemão. O melhor que os franceses ganharam na revolução é uma porção de germanidade. [63]*

———————

65.   *Tribunais, teatros, corte, igreja, governo, assembleias públicas, academias, colégios etc. são como que os órgãos especiais, internos, do místico indivíduo-Estado. [64]*

———————

66.   *Todos os acasos de nossa vida são materiais, a partir dos quais podemos fazer o que quisermos. Quem tem muito espírito faz muito de sua vida. Todo encontro, toda ocorrência seria, para quem é inteiramente espiritual, primeiro termo de uma série infinita, começo de um romance infinito. [65]*

———————

61   O melhor nas ciências é seu ingrediente filosófico — como a vida no corpo orgânico. Desfilosofem-se as ciências — o que resta — terra, ar e água.[75]

62   Humanidade[76] é um papel humorístico.

63   Nossa antiga nacionalidade era, ao que me parece, genuinamente romana — natural, porque nós nascemos pelo mesmo caminho que os romanos — e assim seria o nome, império romano, verdadeiramente um acaso engenhoso, rico de sentido.

Alemanha é Roma, como país. Um país é um lugar grande com seus jardins. O Capitólio poderia talvez determinar-se pela gritaria dos gansos diante dos gauleses.[77]

A instintiva, política universal e tendência dos romanos está também no povo alemão. O melhor que os franceses ganharam na revolução é uma porção de germanidade.

64   Tribunais, teatros, corte, igreja, governo, assembleias públicas — academias, colégios etc. são como que os órgãos especiais, internos, do místico indivíduo-Estado.

65   Todos os acasos de nossa vida são materiais, a partir dos quais podemos fazer o que quisermos. Quem tem muito espírito faz muito de sua vida — Todo encontro, toda ocorrência seria, para quem é inteiramente espiritual — primeiro termo de uma série infinita — começo de um romance infinito.

66   Alemães há por toda parte. A germanidade, tão pouco quanto a romanidade, a grecidade ou a britanidade, não está limitada a um Estado em particular — são caracteres humanos universais — que só aqui e ali se tornaram eminentemente universais. Germanidade é genuína popularidade e por isso um ideal.[78]

67.   *O nobre espírito mercante, o genuíno grande comércio, só floresceu na Idade Média e particularmente no tempo da liga hanseática alemã. Os Médici, os Fugger eram mercadores como deviam ser. Nossos comerciantes em seu todo, não excluídos os maiores, não passam de merceeiros. [67]*

---

68.   *Uma tradução é, seja gramatical, ou modificadora, ou mítica. Traduções míticas são traduções no mais alto estilo. Expõem o caráter puro, perfeito e acabado da obra de arte individual. Não nos dão a obra de arte efetiva, mas o ideal dela. Ainda não existe, ao que creio, nenhum modelo inteiro dela. No espírito de muitas críticas e descrições de obras de arte encontram-se porém claros traços. É preciso para isso uma cabeça, onde espírito poético e espírito filosófico se interpenetraram em sua inteira plenitude. A mitologia grega é em parte uma tal tradução de uma religião nacional. Também a madona moderna é um tal mito.*

    Traduções gramaticais são as traduções no sentido costumeiro. Exigem muita erudição, mas apenas aptidões discursivas.

    As traduções modificadoras requerem, se devem ser genuínas, o mais alto espírito poético. Caem facilmente no travestimento, como o Homero em jambos de Bürger, o Homero de Pope, as traduções francesas em seu conjunto. O verdadeiro tradutor dessa espécie tem na realidade de ser o próprio artista e poder dar a ideia do todo assim ou assim a seu bel-prazer. Tem de ser o poeta do poeta e assim poder fazê-lo falar segundo sua própria ideia e a do poeta ao mesmo tempo. Numa relação semelhante está o gênio da humanidade com cada homem individual.

    Não meramente livros, tudo pode ser traduzido destas três maneiras. [68]

---

69.   *Na suprema dor introduz-se às vezes uma paralisia da sensitividade. A alma se decompõe. Daí o mortal enregelamento, a livre faculdade de pensar, o estridente, incessante chiste dessa espécie de desespero. Nenhuma inclinação mais está presente; o homem está, como uma potência perniciosa, sozinho. Desconectado com o resto do mundo ele se consome pouco a pouco a si mesmo, e é por princípio misantropo e misoteu. [69]*

---

67   O nobre espírito mercante, o genuíno grande comércio, só floresceu na Idade Média e particularmente no tempo da liga hanseática alemã.[79] Os Médici, os Fugger[80] eram mercadores como deviam ser. Nossos comerciantes em seu todo, não excluídos os Hope e os Tepper,[81] não passam de merceeiros.

68   Uma tradução é, seja gramatical, ou modificadora, ou mítica. Traduções míticas são traduções no mais alto estilo. Expõem o caráter puro, perfeito e acabado da obra de arte individual. Não nos dão a obra de arte efetiva, mas o ideal dela. Ainda não existe, ao que creio, nenhum modelo inteiro dela. No espírito de muitas críticas e descrições de obras de arte encontram-se porém claros traços. É preciso para isso uma cabeça, onde espírito poético e espírito filosófico se interpenetraram em sua inteira plenitude. A mitologia grega[82] é em parte uma tal tradução de uma religião nacional. Também a madona moderna é um tal mito.

Traduções gramaticais são as traduções no sentido costumeiro. Exigem muita erudição — mas apenas aptidões discursivas.

As traduções modificadoras requerem, se devem ser genuínas, o mais alto espírito poético. Resvalam facilmente para o travesti — como o Homero em jambos de Bürger[83] — o Homero de Pope[84] — as traduções francesas em seu conjunto. O verdadeiro tradutor dessa espécie tem na realidade de ser o próprio artista e poder dar a ideia do todo assim ou assim a seu bel--prazer — Tem de ser o poeta do poeta e assim poder fazê-lo falar segundo sua própria ideia e a do poeta *ao mesmo tempo*. Numa relação semelhante está o gênio da humanidade com cada homem individual.

Não meramente livros, tudo pode ser traduzido destas três maneiras.

69   Na suprema dor introduz-se às vezes uma paralisia da sensitividade. A alma se decompõe[85] — daí o mortal enregelamento — a livre faculdade de pensar — o estridente, incessante chiste dessa espécie de desespero.[86] Nenhuma inclinação mais está presente — o homem está, como uma potência perniciosa, sozinho — Desconectado com o resto do mundo ele se consome pouco a pouco a si mesmo — e é por princípio — misantropo e misoteu.[87]

70.   *Nossa linguagem é, seja mecânica, atomística, ou dinâmica. A linguagem genuinamente poética deve porém ser organicamente viva. Quão frequentemente sentimos a pobreza de palavras, para atingir várias ideias de um só golpe. [70]*

---

72.   *Escritos são os pensamentos do Estado, os arquivos de sua memória. [in 71]*

---

73.   *Quanto mais nossos sentidos se refinam, mais aptos se tornam à distinção dos indivíduos. O mais alto sentido seria a mais alta receptividade para natureza peculiar. A ele corresponderia o talento para afixação do indivíduo, cuja destreza e energia são relativas. Quando a vontade se exterioriza em referência a este sentido, nascem então as paixões a favor ou contra individualidades: amor e ódio. A maestria no desempenho de seu próprio papel deve-se à orientação desse sentido em direção a si mesmo sob o domínio da razão. [72]*

---

74.   *Nada é mais indispensável para a verdadeira religiosidade que um termo médio, que nos vincule com a divindade. Imediatamente o ser humano não pode em absoluto estar em relação com ela. Na escolha desse termo médio o homem tem de ser inteiramente livre. A mínima coerção nisto é nociva para sua religião. A escolha é característica, e consequentemente os homens cultos escolherão termos médios razoavelmente iguais, enquanto os incultos costumam ser determinados aqui pelo acaso. Como porém tão poucos homens são capazes de uma livre escolha em geral, muitos termos médios se tornarão mais universais; seja através do acaso, através de associação, ou de sua particular conveniência a isso. Desse modo nascem as religiões pátrias. Quanto mais autônomo se torna o homem, tanto mais diminui a quantidade do termo médio, a qualidade se refina, e suas relações com ele se tornam mais múltiplas e cultas: fetiches, astros, animais, heróis, ídolos, deuses, um único homem-deus. Vê-se logo quão relativas são essas escolhas e despercebidamente é-se impelido à ideia de que a essência da*

70   Nossa linguagem é, seja — mecânica — atomística — ou dinâmica.[88] A linguagem genuinamente poética deve porém ser organicamente viva. Quão frequentemente sentimos a pobreza de palavras — para atingir várias ideias de um só golpe.

71   No Estado tudo é ação cênica — No povo tudo jogo cênico. A vida do povo é um espetáculo.[89]

Escritos são os pensamentos do Estado — os arquivos de sua memória.

72   Quanto mais nossos sentidos se refinam, mais aptos se tornam à distinção dos indivíduos. O mais alto sentido seria a mais alta receptividade para natureza peculiar. A ele corresponderia o talento para a fixação do indivíduo, cuja destreza e energia são relativas. Quando a vontade se exterioriza em referência a este sentido, nascem então as paixões a favor ou contra individualidades — amor e ódio.

A maestria no desempenho de seu próprio papel deve-se à orientação desse sentido em direção a si mesmo sob o domínio da razão.

73   Nada é mais indispensável para a verdadeira religiosidade que um termo médio — que nos vincule com a divindade. Imediatamente o ser humano não pode em absoluto estar em relação com ela. Na escolha desse termo médio o homem tem de ser inteiramente livre. A mínima coerção nisto é nociva para sua religião. A escolha é característica e consequentemente os homens cultos escolherão termos médios razoavelmente iguais — enquanto os incultos costumam ser determinados aqui pelo acaso. Como porém tão poucos homens são capazes de uma livre escolha em geral — muitos termos médios se tornarão mais universais — seja através do acaso — através de associação, ou de sua particular conveniência a isso. Desse modo nascem as religiões pátrias. Quanto mais autônomo se torna o homem, tanto mais diminui a quantidade do termo médio, a qualidade se refina — e suas relações com ele se tornam mais múltiplas e cultas — fetiches — astros — animais — heróis — ídolos — deuses — *um único* homem-deus. Vê-se logo quão relativas são essas escolhas e despercebidamente é-se impelido à ideia de

religião não depende do feitio do mediador, mas consiste exclusivamente no modo de vê-lo, nas relações com ele.

É uma idolatria no sentido mais amplo, quando eu considero de fato esse mediador como Deus mesmo. É irreligião, quando não admito nenhum mediador; e nessa medida superstição e idolatria, e descrença ou teísmo, que também se pode chamar judaísmo primitivo, são ambos irreligião. Em contrapartida, ateísmo é apenas negação de toda religião em geral e portanto não tem nada que ver com a religião. Verdadeira religião é aquela que admite aquele mediador como mediador, toma-o como que pelo órgão da divindade, por seu fenômeno sensível. Neste aspecto os judeus ao tempo do cativeiro babilônico conservaram uma tendência genuinamente religiosa, uma esperança religiosa, uma crença numa religião futura, que os metamorfoseou de um modo prodigioso desde o fundamento e os conservou na mais notável constância até aos nossos tempos.

A verdadeira religião parece porém, a uma consideração mais aproximada, mais uma vez antinomicamente dividida em panteísmo e monoteísmo. Sirvo-me aqui de uma licença, ao não tomar panteísmo no sentido costumeiro, mas entender sob esse nome a ideia de que tudo pode ser órgão da divindade, mediador, na medida em que o elevo a isso: assim como monoteísmo, pelo contrário, designa a crença de que somente um único tal órgão há no mundo para nós, o único adequado à ideia de um mediador, e através do qual Deus unicamente se deixa perceber, o qual portanto sou obrigado por mim mesmo a escolher: pois sem isso o monoteísmo não seria verdadeira religião.

Por mais incompatíveis que ambos pareçam ser, é contudo possível operar sua unificação, se se faz do mediador monoteístico o mediador do mundo intermediário do panteísmo, e como que se centra este através dele, de modo que ambos, embora de maneira diferente, tornam necessário um ao outro.

A prece, ou o pensamento religioso, consiste portanto em uma abstração ou posição triplicemente ascendente, indivisível. Cada objeto pode ser para o religioso um templo no sentido dos augures. O espírito desse templo é o onipresente Sumo Sacerdote, o mediador monoteístico, único que fica em relação imediata com a divindade. [73]

---

75.   *A base de todo vínculo eterno é uma tendência absoluta para todas as direções. Sobre ela repousa a potência da hierarquia, da genuína maçonaria, e do invisível elo de pensadores genuínos. Aqui está contida a possibilidade*

que a essência da religião não depende do feitio do mediador, mas consiste exclusivamente no modo de vê-lo,[90] nas relações com ele.

É uma idolatria, no sentido mais amplo, quando eu considero de fato esse mediador como Deus mesmo. É *irreligião*, quando não admito nenhum mediador — e nessa medida superstição, ou idolatria — e descrença — ou teísmo, que também se pode chamar judaísmo primitivo — são ambos *irreligião*. Em contrapartida, ateísmo é apenas negação de toda religião em geral e portanto não tem nada que ver com a religião. Verdadeira religião é aquela que admite aquele mediador como mediador — toma-o como que pelo órgão da divindade — por seu fenômeno sensível. Neste aspecto os judeus ao tempo do cativeiro babilônico conservaram uma tendência genuinamente religiosa — uma esperança religiosa — uma crença numa religião futura — que os metamorfoseou de um modo prodigioso desde o fundamento e os conservou na mais notável constância até aos nossos tempos.

A verdadeira religião parece porém, a uma consideração mais aproximada, mais uma vez antinomicamente dividida — em panteísmo e enteísmo.[91] Sirvo-me aqui de uma licença — ao não tomar panteísmo no sentido costumeiro — mas entender sob esse nome a ideia — de que tudo pode ser órgão da divindade — mediador, na medida em que o elevo a isso — assim como enteísmo, pelo contrário, designa a crença de que somente um único tal órgão há no mundo para nós, o único adequado à ideia de um mediador, e através do qual Deus unicamente se deixa perceber — o qual portanto sou obrigado por mim mesmo a escolher — pois sem isso o enteísmo não seria verdadeira religião.

Por mais incompatíveis que ambos pareçam ser, é contudo possível operar sua unificação — se se faz do mediador enteístico o mediador do mundo intermediário[92] do panteísta — e como que se centra este através dele — de modo que ambos, embora de maneira diferente, necessitam[93] um ao outro.

A prece, ou o pensamento religioso, consiste portanto em uma abstração ou posição triplicemente ascendente, indivisível.[94] Cada objeto pode ser para o religioso um templo, no sentido dos augures[95]. O espírito desse templo é o onipresente Sumo Sacerdote — o mediador enteístico — único que fica em relação imediata com o Todo-Pai.

74   A base de todo vínculo eterno é uma tendência absoluta para todas as direções. Sobre ela repousa a potência da hierarquia, da genuína maçonaria, e do invisível elo de pensadores genuínos — aqui está contida a possibilidade

de uma república universal, a qual os romanos, até os césares, haviam começado a realizar. Por primeiro perdeu Augusto essa base, e Adriano a destruiu totalmente. [74]

---

71.   *Poeta e sacerdote eram no começo um só, e somente tempos mais tardios os separaram. O genuíno poeta porém permaneceu sempre sacerdote, assim como o genuíno sacerdote sempre poeta. E não haveria o futuro de trazer de volta o antigo estado de coisas? [in 75]*

---

76.   *Quase sempre se confundiu o condutor, o primeiro funcionário do Estado, com o representante do gênio da humanidade, que pertence à unidade da sociedade ou do povo. No Estado tudo é ação cênica, a vida do povo é jogo cênico; consequentemente também o espírito do povo tem de ser visível. Esse espírito visível vem, seja, como no império dos mil anos, sem nossa interveniência, ou é escolhido unanimemente através de um entendimento expresso ou tácito.*

É um fato incontradizível que a maioria dos príncipes não foram propriamente príncipes, mas de costume, em maior ou menor grau, uma espécie de representantes do gênio de seu tempo, e o governo em sua maior parte, como é justo, encontrava-se em mãos subalternas.

Um perfeito representante do gênio da humanidade poderia facilmente ser o genuíno sacerdote e o poeta kat'exokhen. *[in 75]*

---

77.   *Nossa vida cotidiana consiste em puros arranjos conservadores, que sempre se repetem. Esse círculo de hábitos é apenas meio para um meio capital, nossa existência terrestre em geral, que é mesclada de múltiplas maneiras de existir.*

Filisteus vivem apenas uma vida cotidiana. O meio capital lhes parece ser seu único fim. Eles fazem tudo em vista da vida terrestre; ao que parece e tem necessariamente de parecer, segundo suas próprias declarações. Poesia entremesclam eles apenas por necessidade, uma vez que agora estão acostumados a uma certa interrupção de seu curso diário. Em regra essa interrupção sucede a cada sete dias, e poderia ser chamada febre poética

de uma república universal — a qual os romanos, até os césares, haviam começado a realizar. Por primeiro perdeu Augusto essa base — e Adriano a destruiu totalmente.

75   Quase sempre se confundiu o condutor, o primeiro funcionário do Estado — com o representante do gênio da humanidade, que pertence à unidade da *sociedade* ou do povo. No povo, como já foi dito acima, tudo é *jogo cênico* — consequentemente também o espírito do povo tem de ser visível. Esse espírito visível vem, seja, como no império dos mil anos, sem nossa interveniência — ou é escolhido unanimemente, através de um entendimento expresso ou tácito.

Há muitos traços interessantes, pertinentes a isto, na História, p. ex.

Nas Índias, em alguns lugares, general e sacerdote eram separados, e o general desempenhava o papel secundário.

O sacerdote não deve induzir-nos a erro. Poeta e sacerdote eram no começo um só — e somente tempos mais tardios os separaram. O genuíno poeta porém permaneceu sempre sacerdote, assim como o genuíno sacerdote sempre poeta — e não haveria o futuro de trazer de volta o antigo estado das coisas? Aquele representante do gênio da humanidade poderia facilmente ser o poeta *kat exochin*.[96]

De resto, porém, é um fato incontradizível que a maioria dos príncipes não foram propriamente príncipes — mas de costume, em maior ou menor grau, uma espécie de *representantes do gênio de seu tempo*, e o governo em sua maior parte, como é justo, encontrava-se em mãos subalternas.[97]

76   Nossa vida cotidiana consiste em puros arranjos conservadores, que sempre se repetem. Esse círculo de hábitos é apenas meio para um meio capital, nossa existência terrestre em geral — que é mesclada de múltiplas maneiras de existir.

Filisteus[98] vivem apenas uma vida cotidiana. O meio capital lhes parece ser seu único fim. Eles fazem tudo, em vista da vida terrestre, ao que parece, e tem necessariamente de parecer, segundo suas próprias declarações. Poesia entremesclam eles apenas por *necessidade*, uma vez que agora estão acostumados a uma certa interrupção de seu curso diário. Em regra essa interrupção sucede a cada sete dias — e poderia ser chamada febre poética *septã. Aos domingos o trabalho repousa, eles vivem um pouquinho melhor que de costume e essa embriaguez dominical termina com um sono um pouco mais profundo que nos outros dias; por isso também às segundas tudo tem uma marcha ainda mais rápida.* Suas parties de plaisir *têm de ser convencionais, costumeiras, conformes à moda, mas até seu divertimento eles elaboram, como tudo, laboriosa e formalmente.*

O supremo grau de sua existência poética o filisteu alcança numa viagem, casamento, batizado, e na igreja. Aqui seus mais ousados desejos são satisfeitos, e frequentemente excedidos.

Sua assim chamada religião atua meramente, como um opiácio: estimulando, entontecendo, aquietando dores por fraqueza. Suas preces matinais e vespertinas lhes são, como desjejum e ceia, necessárias. Não podem mais largar disso. O filisteu rústico representa-se as alegrias do céu sob a imagem de uma quermesse, uma festa de casamento, uma viagem ou um baile: o sublimado faz do céu uma igreja suntuosa com bela música, muita pompa, com cadeiras para o povo comum par terre, *e capelas e coros elevados para os mais nobres.*

Os piores entre eles são os filisteus revolucionários, a que pertence também a escória das cabeças que buscam êxito, a raça cobiçosa.

Grosseiro egoísmo é o resultado necessário da limitação mesquinha. A sensação presente é a mais vívida, a mais alta sensação de um lamuriento. Acima desta ele não conhece nada superior. Não é nenhum prodígio que o entendimento amestrado par force *pelas relações externas seja apenas o ardiloso escravo de tal embotado senhor, e só atente e cuide por seus prazeres. [76]*

---

78.   *Nos primeiros tempos da descoberta da faculdade de julgar cada novo juízo era um achado. O valor desse achado aumentava, quanto mais aplicável, mais frutífero era esse juízo. Sentenças, que nos parecem agora muito comuns, requeriam ainda um desacostumado grau de vida do entendimento. Era preciso mobilizar gênio e sagacidade para, mediante o novo utensílio, encontrar relações novas. A aplicação desse utensílio aos lados mais peculiares, mais interessantes e mais universais da humanidade tinha de suscitar eminente admiração e atrair sobre si a atenção de todas as boas cabeças. Assim nasceram as massas gnômicas, que a todos os tempos e em todos os povos foram tão altamente estimadas. Seria facilmente possível que nossas descobertas geniais de agora fossem atingidas no curso dos tempos por um destino semelhante. Poderia facilmente chegar um tempo, onde tudo*

septã.[99] Aos domingos o trabalho repousa — eles vivem um pouquinho melhor que de costume e essa embriaguez dominical termina com um sono um pouco mais profundo, que nos outros dias; por isso também às segundas tudo tem uma marcha ainda mais rápida. Suas *parties de plaisir*[100] têm de ser convencionais, costumeiras, conformes à moda — mas até seu divertimento eles elaboram, como tudo, laboriosa e formalmente. O supremo grau de sua existência poética ele alcança numa viagem, casamento, batizado, e na igreja. Aqui seus mais ousados desejos são satisfeitos, e frequentemente excedidos.

Sua assim chamada[101] religião atua meramente, como um opiácio — Estimulando — entontecendo — aquietando dores por fraqueza. Suas preces matinais e vespertinas lhes são, como desjejum e ceia, necessárias. Não podem mais largar disso. O filisteu rústico representa-se as alegrias do céu sob a imagem de uma quermesse — uma festa de casamento — uma viagem ou um baile. O sublimado — faz do céu uma igreja suntuosa — com bela música, muita pompa — com cadeiras para o povo comum *par terre*[102] e capelas e coros elevados para os mais nobres.

Os piores entre eles são os filisteus revolucionários, a que pertence também a escória das cabeças que buscam êxito, a raça cobiçosa.

Grosseiro egoísmo é o resultado necessário da limitação mesquinha. A sensação presente é a mais vívida, a mais alta sensação de um lamuriento. Acima desta ele não conhece nada superior — Não é nenhum prodígio que o entendimento amestrado *par force*[103] pelas relações externas — seja apenas o ardiloso escravo de tal embotado senhor e só atente e cuide por seus prazeres.

77   Nos primeiros tempos da descoberta da faculdade de julgar cada novo juízo era um achado. O valor desse achado aumentava quanto mais aplicável, mais frutífero era esse juízo. Sentenças, que nos parecem agora muito comuns[,] requeriam ainda um desacostumado grau de vida do entendimento. Era preciso mobilizar gênio e sagacidade para, mediante o novo utensílio, encontrar relações novas. A aplicação desse utensílio aos lados mais peculiares, mais interessantes e mais universais da humanidade tinha de suscitar eminente admiração e atrair sobre si a atenção de todas as boas cabeças. Assim nasceram as massas gnômicas, que a todos os tempos e em todos os povos foram tão altamente estimadas. Seria facilmente possível que nossas descobertas geniais de agora fossem atingidas no curso dos tempos por um destino semelhante. Poderia facilmente chegar um tempo, onde tudo

isso fosse tão comum, como são agora as sentenças morais, e descobertas novas, mais sublimes, ocupassem o espírito sem descanso do homem. [77]

---

79.   *Uma lei é, por seu conceito, eficaz. Uma lei ineficaz não é uma lei. Lei é um conceito causal, mescla de força e pensamento. Por isso nunca se tem consciência de uma lei, como tal. Na medida em que se pensa em uma lei, ela é apenas uma proposição, isto é, um pensamento vinculado com uma faculdade. Um pensamento resistente, persistente, é um pensamento empenhado e media a lei e o mero pensamento. [78]*

---

80.   *Uma prestimosidade grande demais dos órgãos seria perigosa para a existência terrestre. O espírito em seu estado de agora faria dela uma aplicação destrutiva. Um certo pesadume do órgão impede-o de atividade arbitrária demais e o estimula a uma colaboração regular, tal como convém ao mundo terrestre. É um estado imperfeito seu que essa colaboração o ligue tão exclusivamente a este mundo. Por isso ela, por princípio, tem um prazo. [79]*

---

81.   *A doutrina do direito corresponde à fisiologia, a moral à psicologia. As leis racionais da doutrina do direito e da ética, metamorfoseadas em leis naturais, dão os princípios da fisiologia e da psicologia. [80]*

---

82.   *Fuga do espírito comum é morte. [81]*

---

83.   *Na maioria dos sistemas religiosos somos considerados como membros da divindade, que, quando não obedecem às impulsões do todo [,] mesmo quando não agem intencionalmente contra as leis do todo, mas apenas seguem sua própria marcha e não querem ser membros, são tratados medicinalmente pela divindade e, seja dolorosamente curados, ou mesmo amputados. [82]*

---

isso fosse tão comum, como são agora as sentenças morais, e descobertas novas, mais sublimes, ocupassem o espírito sem descanso do homem.

78   Uma lei é, por seu conceito, eficaz. Uma lei ineficaz não é uma lei. Lei é um conceito causal — mescla de força e pensamento. Por isso nunca se tem consciência de uma lei, como tal. Na medida em que se pensa em uma lei, ela é apenas uma proposição, i.e., um pensamento vinculado[104] com uma faculdade — Um pensamento resistente, persistente, é um pensamento empenhado e media a lei e o mero pensamento.

79   Uma prestimosidade grande demais dos órgãos seria perigosa para a existência terrestre. O espírito em seu estado de agora faria dela uma aplicação destrutiva. Um certo *pesadume* do órgão impede-o de atividade arbitrária demais e o estimula a uma colaboração regular, tal como convém ao mundo terrestre. É um estado imperfeito seu que essa colaboração o ligue tão exclusivamente a este mundo — por isso ela, por princípio, tem um prazo.

80   A doutrina do direito corresponde à fisiologia — a moral à psicologia. As leis racionais da doutrina do direito e da ética metamorfoseadas em leis naturais dão os princípios da fisiologia e da psicologia.

81   Fuga do espírito comum é morte.

82   Na maioria dos sistemas religiosos somos considerados como membros da divindade, que, quando não obedecem às impulsões de todo, que, mesmo quando não agem intencionalmente contra as leis do todo, mas seguem sua própria marcha e não querem ser membros, são tratados medicinalmente pela divindade — e seja dolorosamente curados, ou mesmo amputados.

84.   *Cada incitação específica denuncia um sentido específico. Quanto mais nova ela é, tanto mais obtusa, mas tanto mais forte; quanto mais determinada, mais bem formada, mais múltipla se torna, tanto mais fraca. Assim o primeiro pensamento de Deus suscitou uma violenta emoção no indivíduo inteiro; assim a primeira ideia de filosofia, de humanidade, universo etc. [83]*

---

85.   *A mais íntima comunidade de todos os conhecimentos, uma república científica, é o alto fim dos doutos. [84]*

---

86.   *Não deveria a distância de uma ciência particular em relação à universal, e assim a hierarquia das ciências entre si, ser calculada pelo número de seus princípios? Quanto menos princípios, mais alta a ciência. [85]*

---

87.   *De costume entende-se o artístico melhor que o natural. Também é preciso mais espírito para o simples que para o complicado, mas menos talento. [86]*

---

88.   *Utensílios armamentam o homem. Pode-se bem dizer, o homem sabe produzir um mundo, falta-lhe apenas o devido aparelhamento, a proporcionada armadura de seus utensílios sensoriais. O começo está dado. Assim o princípio de uma nave guerreira está na ideia do armador de navios, que através de multidões humanas e dos devidos utensílios e materiais é capaz de corporificar esse pensamento, na medida em que através de tudo isso ele Jaz de s, como que uma descomunal máquina. Assim a ideia de um instante frequentemente exigiria órgãos descomunais descomunais massas de matérias, e o homem é portanto, onde não actu, contudo potentiâ, criador. [87]*

---

83   Cada incitação[105] específica denuncia um sentido específico. Quanto mais nova ela é, tanto mais obtusa, mas tanto mais forte — Quanto mais determinada, mais bem formada, mais múltipla se torna, tanto mais fraca. Assim o primeiro pensamento de Deus suscitou uma violenta emoção no indivíduo inteiro — Assim a primeira ideia de filosofia, de humanidade, universo etc.

84   *A mais íntima comunidade de todos os conhecimentos* — uma república científica é o alto fim dos doutos.

85   Não deveria a distância de uma ciência particular em relação à universal — e assim a hierarquia das ciências entre si — ser calculada pelo número de seus princípios? Quanto menos princípios, mais alta a ciência.

86   De costume entende-se o artístico melhor que o natural. Também é preciso mais espírito para o simples que para o complicado — mas menos talento.

87   Utensílios armamentam o homem. Pode-se bem dizer, o homem sabe produzir um mundo — falta-lhe apenas o devido aparelhamento — a proporcionada armadura de seus utensílios sensoriais. O começo está dado. Assim o princípio de uma nave guerreira está na ideia do armador de navios, que através de multidões humanas e dos devidos utensílios e materiais é capaz de corporificar esse pensamento — na medida em que através de tudo isso ele faz de si como que uma descomunal máquina.

Assim a ideia de um instante frequentemente exigiria órgãos descomunais — descomunais massas de matérias, e o homem e portanto, onde não *actu*, contudo *potentiâ*, criador.

89.   Em cada contato nasce uma substância, cuja atuação dura tanto quanto o contato. Este é afundamento de todas as modificações sintéticas do indivíduo. Há porém contatos unilaterais e recíprocos. Aqueles fundamentam estes. [88]

---

90.   Quanto mais ignorante se é por natureza, tanto mais capacidade para o saber. Cada conhecimento novo faz uma impressão muito mais profunda, mais vívida. Observa-se isto claramente ao ingressar numa ciência. Por isso através do excessivo estudar se perde capacidade. É uma ignorância oposta à primeira ignorância. Aquela é ignorância por deficiência, esta por excedência de conhecimento. Esta última costuma ter os sintomas do ceticismo. É porém um ceticismo não genuíno, por fraqueza indireta de nossa faculdade de conhecer. Não se está em condição de penetrar a massa e vivificá-la completamente em forma determinada: a força plástica não é suficiente. Assim o espírito de invenção de cabeças jovens e dos exaltados, assim como o afortunado golpe de mão do iniciante ou do leigo rico de espírito, tornam-se facilmente explicáveis. [89]

---

91.   Construir mundos não basta ao sentido premente de ir mais fundo: Um coração amante sacia o espírito empenhado. [90]

---

92.   Estamos em relações com todas as partes do universo, assim como com o futuro e a Antiguidade. Depende apenas da direção e da duração de nossa atenção, qual relação queremos conformar preferencialmente, qual deve tornar-se para nós preferencialmente importante, e eficaz — Uma genuína metodologia deste procedimento poderia não ser nada menos que aquela longamente desejada arte da invenção; poderia bem ser mais ainda, do que esta. O homem procede a toda hora segundo suas leis e a possibilidade de encontrá-las através de genial auto-observação é indubitável. [91]

88   Em cada contato nasce uma substância, cuja atuação dura tanto quanto o contato. Este é o fundamento de todas as modificações sintéticas do indivíduo.

Há porém contatos unilaterais e recíprocos[106] — aqueles fundamentam estes.

89   Quanto mais ignorante se é por natureza, tanto mais capacidade[107] para o saber. Cada conhecimento novo faz uma impressão muito mais profunda, mais vívida. Observa-se isso claramente ao ingressar numa ciência. Por isso através do excessivo estudar se perde capacidade. É uma ignorância oposta à primeira ignorância. Aquela é ignorância por deficiência — esta por excedência de conhecimento. Esta última costuma ter os sintomas do ceticismo — É porém um ceticismo *spurius*[108] — por fraqueza indireta[109] de nossa faculdade de conhecer. Não se está em condição de penetrar a massa e vivificá-la completamente em forma determinada — a *força plástica* não é suficiente. Assim o espírito de invenção de cabeças jovens, e dos exaltados — assim o afortunado golpe de mão do iniciante, ou do leigo rico de espírito, tornam-se facilmente explicáveis.

90   Construir mundos não basta ao sentido premente de ir mais fundo,
        Mas um coração amante sacia o espírito empenhado.[110]

91   Estamos em relações com todas as partes do universo — Assim como com o futuro e a Antiguidade.

Depende apenas da direção e da duração de nossa atenção, qual relação queremos conformar preferencialmente, qual deve tornar-se para nós preferencialmente importante — e eficaz. Uma genuína metodologia deste procedimento poderia não ser nada menos que aquela longamente desejada arte da invenção[111] — Poderia bem ser mais ainda, do que esta. O homem procede a toda hora segundo suas leis e a possibilidade de encontrá-las através de genial auto-observação é indubitável.

93.   *O historiador organiza seres históricos. Os dados da História são a massa, a que o historiador dá forma, por vivificação. Consequentemente também a História está sob os princípios da vivificação e organização em geral, e antes que esses princípios não estejam aí, também não há nenhuma genuína formação-de-arte histórica, mas nada senão aqui e ali traços de vivificações casuais, onde reinou involuntário gênio. [92]*

———————

94.   *Quase todo gênio foi até agora unilateral, resultado de uma constituição doentia. Uma classe tinha demasiado sentido externo, a outra demasiado interno. Raramente a natureza conseguiu um equilíbrio entre ambas, uma constituição genial perfeita e acabada. Através de acasos nascia frequentemente uma proporção perfeita, mas esta nunca podia ser duradoura, porque não era captada e fixada pelo espírito: não se ia além de instantes afortunados. O primeiro gênio que penetrou a si mesmo encontrou aqui o germe típico de um mundo imensurável; fez uma descoberta, que tinha de ser a mais notável da História mundial, pois com ela começa uma época totalmente nova da humanidade, e somente nesse nível se torna possível verdadeira História de toda espécie: pois o caminho, que até agora foi deixado para trás, constitui agora um todo próprio, inteiramente explicável. Aquele lugar fora do mundo está dado, e Arquimedes pode agora cumprir sua promessa. [93]*

———————

95.   *Antes da abstração tudo é uno, mas uno como o caos; após a abstração está novamente tudo unificado, mas essa unificação é uma livre federação de seres autônomos, autodeterminados. De uma multidão se fez uma sociedade, o caos está metamorfoseado em um mundo múltiplo. [94]*

———————

96.   *Se o mundo é como que um precipitado da natureza humana, o mundo dos deuses é uma sublimação dela. Ambos ocorrem uno actu. Não há precipitação sem sublimação. O que ali se perde em agilidade, aqui é ganho. [95]*

———————

92   O historiador organiza seres históricos. Os dados da História são a massa, a que o historiador dá forma — por vivificação.[112] Consequentemente também a História está sob os princípios da vivificação e organização em geral e antes que esses princípios não estejam aí, também não há nenhuma genuína formação-de-arte histórica — mas nada, senão aqui e ali, traços de vivificações casuais, onde reinou *involuntário* gênio.

93   Quase todo gênio foi até agora unilateral — resultado de uma constituição doentia. Uma classe tinha demasiado sentido externo, a outra demasiado interno. Raramente a natureza conseguiu um equilíbrio entre ambas — uma constituição genial perfeita e acabada.[113] Através de acasos nascia frequentemente uma proporção perfeita, mas esta nunca podia ser duradoura, porque não era captada e fixada pelo espírito — não se ia além de instantes afortunados. O primeiro gênio *que penetrou a si mesmo*[114] encontrou aqui o germe típico[115] de um mundo imensurável — Fez uma descoberta, que tinha de ser a mais notável na História mundial — pois com ela começa uma época totalmente nova da humanidade — e somente nesse nível se torna possível verdadeira História de toda espécie — pois o caminho, que até agora foi deixado para trás, constitui agora um todo *próprio*, inteiramente explicável. Aquele lugar fora do mundo está dado, e Arquimedes pode agora cumprir sua promessa.

94   Antes da abstração tudo é uno — mas uno como o caos — Após a abstração está novamente tudo unificado — mas essa unificação é uma livre federação de seres autônomos, autodeterminados — De uma multidão se fez uma sociedade — o caos está metamorfoseado em um mundo múltiplo.

95   Se o mundo é como que um precipitado da natureza humana, o mundo dos deuses é uma sublimação dela. Ambos ocorrem *uno actu*. Não há precipitação sem sublimação. O que ali se perde em agilidade, aqui é ganho.[116]

97.   *Onde há crianças, ali é uma idade de ouro. [96]*

———

98.   *Segurança perante si mesmo e as potências invisíveis foi a base dos Estados eclesiásticos existidos até agora. [97]*

———

99.   *A marcha da aproximação é composta de crescentes progressos e regressos. Ambos retardam, ambos aceleram, ambos conduzem ao alvo. Assim no romance o poeta parece ora aproximar-se do jogo, ora afastar-se novamente, e nunca está mais próximo que quando parece estar afastado ao máximo. [98]*

———

100.   *Um criminoso não pode queixar-se de injustiça, quando o tratam dura e desumanamente. Seu crime foi um ingresso no reino da violência, da tirania. Medida e proporção não há nesse mundo, por isso a desproporcionalidade da reação não deve estranhar-lhe. [99]*

———

101.   *A doutrina da fábula contém a História do mundo arquetípico, ela compreende antiguidade, presente e futuro. [in 100]*

———

110.   *O mundo humano é o órgão comum dos deuses. Poesia unifica-os, como a nós. [in 100]*

———

111.   *Aparece como absolutamente calmo aquilo que é absolutamente imóvel com respeito ao mundo exterior. Por mais multiplamente que possa alterar-se, permanece contudo, em relação ao mundo exterior, sempre em repouso. Esta proposição se refere a todas as automodificações. Por isso*

96   Onde há crianças, ali é uma idade de ouro.

97   Segurança para[117] si mesmo e as potências invisíveis foi a base dos Estados eclesiásticos existidos até agora.

98   A marcha da aproximação é composta de crescentes progressos e regressos. Ambos retardam — Ambos aceleram — ambos conduzem ao alvo. Assim no romance o poeta parece ora aproximar-se do alvo,[118] ora afastar-se novamente e nunca está mais próximo que quando parece estar afastado ao máximo.

99   Um criminoso não pode queixar-se de injustiça, quando o tratam dura e desumanamente. Seu crime foi um ingresso no reino da violência, da tirania. Medida e proporção não há nesse mundo — por isso a desproporcionalidade da reação não deve estranhar-lhe.

100   < A doutrina da fábula contém a História do mundo arquetípico — Ela compreende antiguidade, presente e futuro. >
        < O mundo humano é o órgão comum dos deuses. Poesia unifica-os, como a nós. >[119]

101   Aparece como absolutamente *calmo* aquilo que é absolutamente imóvel com respeito ao mundo exterior. Por mais multiplamente que possa alterar-se, permanece contudo, em relação ao mundo exterior, sempre em repouso. Esta proposição refere-se a todas as automodificações. Por isso

o belo parece tão calmo. Tudo o que é belo é um indivíduo autoiluminado, perfeito. [101]

———

112.   *Toda figura humana vivifica um germe individual no observador. Através disso essa intuição se torna infinita, está vinculada com o sentimento de uma força inesgotável, e por isso é tão absolutamente vivificante. Ao observarmos a nós mesmos, vivificamos a nós mesmos.*

Sem essa imortalidade visível e sensível não poderíamos verdadeiramente pensar.

Essa perceptível insuficiência da formação corpórea terrestre para tornar-se expressão e órgão do espírito ínsito é o pensamento indeterminado, propulsor, que se torna a base de todos os pensamentos genuínos, a ocasião para a evolução da inteligência, aquilo que nos necessita à admissão de um mundo inteligível e de uma série infinita de expressões e órgãos de cada espírito, cujo expoente ou raiz é sua individualidade. [102]

———

113.   *Quanto mais bitolado é um sistema, tanto mais agradará aos homens do mundo. Assim o sistema dos materialistas, a doutrina de Helvétius e também Locke obtiveram a aprovação da maioria entre essa classe. Assim Kant agora encontrará ainda sempre mais adeptos que Fichte. [103]*

———

114.   *A arte de escrever livros ainda não foi inventada. Está porém a ponto de ser inventada. Fragmentos desta espécie são sementes literárias. Pode sem dúvida haver muito grão mouco entre eles: mas contanto que alguns brotem! [104]*

o belo parece tão calmo. Tudo o que é belo é um *autoiluminado*, perfeito indivíduo.

102   Toda figura humana vivifica um germe individual no observador. Através disso essa intuição se torna infinita — Está vinculada com o sentimento de uma força inesgotável — e por isso é tão absolutamente vivificante. Ao observarmos a nós mesmos — vivificamos a nós mesmos.

Sem essa imortalidade visível e sensível — *sit vénia verbis*[120] — não poderíamos pensar.

Essa perceptível insuficiência da formação corpórea terrestre para tornar-se expressão e órgão do espírito ínsito é o pensamento indeterminado, propulsor, que é a base de todos os pensamentos genuínos — a ocasião para a evolução da inteligência — aquilo que nos necessita à admissão de um mundo inteligível e de uma série infinita de expressões e órgãos de cada espírito, cujo expoente, ou raiz, é sua individualidade.[121]

103   Quanto mais bitolado é um sistema, tanto mais agradará aos homens do mundo. Assim o sistema dos materialistas, a doutrina de Helvétius[122] e também Locke obtiveram a aprovação da maioria entre essa classe. Assim Kant agora encontrará ainda sempre mais adeptos que Fichte.

104   A arte de escrever livros ainda não foi inventada.[123] Está porém a ponto de ser inventada. Fragmentos desta espécie são sementes literárias. Pode sem dúvida haver muito grão mouco entre eles — mas contanto que alguns brotem.

105   < Os escritos de Schlegel são filosofemas líricos.[124] Seu Forster e seu Lessing[125] são eminentes minus-poesias[126] e assemelham-se aos hinos pindáricos. O prosaísta lírico escreverá epigramas lógicos.[127] Se estiver totalmente bêbado de vida, serão ditirambos, que sem dúvida devem-se fruir e julgar na qualidade de ditirambos. Semiembriagada uma obra de arte pode ser — Na embriaguez

102.   Se o espírito santifica, então todo livro genuíno é Bíblia. [108] Mas
só raramente um livro é escrito em vista do livro e se espírito compara-se
a metal nobre, a maioria dos livros são efraimitas. Sem dúvida todo livro
útil tem de ser no mínimo fortemente amalgamado. Puro, o metal nobre não
pode ser usado em comércio e tráfico. A muitos verdadeiros livros acontece
como com os torrões de ouro na Irlanda. Servem por muitos anos apenas
como pesos. [in 110]

103.   Muitos livros são mais longos do que parecem. De fato não tem fim.
O tédio que suscitam é verdadeiramente absoluto e infinito. Exemplos
modelares dessa espécie foram apresentados pelos senhores Heydenreich,

total a obra de arte se liquefaz — Do ser humano se faz um animal — O caráter do animal é ditirâmbico. O animal é uma vida supersaciada — a planta uma vida deficitária. O ser humano uma vida *livre*. >

106   < Hemsterhuis[128] é muito frequentemente um homérida lógico. >

107   < Os filosofemas de Goethe são genuinamente épicos. >

108   Se o espírito santifica, então todo livro genuíno é Bíblia.

109   Todo indivíduo é o centro de um sistema emanacionista.[129]

110   Se o espírito se compara a metal nobre, a maioria dos livros são efraimitas.[130]

Todo livro *útil* tem de ser no mínimo fortemente amalgamado.[131] Puro, o metal nobre não pode ser utilizado em comércio e tráfico.

Tão raramente um livro é escrito em vista do livro.

A muitos verdadeiros livros acontece como com os torrões de ouro da Irlanda. Servem por muitos anos, apenas como pesos.

Nossos livros são um papel-moeda informal, que os doutos põem em circulação. Esse aficionamento do mundo moderno ao papel-moeda é o chão sobre o qual, frequentemente em uma única noite, eles nascem e crescem.

111   < Muitos livros são mais longos do que parecem. De fato não têm fim. O tédio que suscitam é verdadeiramente absoluto e infinito. Exemplos modelares dessa espécie foram apresentados pelos senhores professores

Jacob, Abicht e Pölitz. Eis aqui um estoque, que cada qual pode aumentar com seus conhecidos da espécie. [111]

———————

Heydenreich, Jakob, Abicht e Pölitz.[132] Eis aqui um estoque, que cada qual pode aumentar com seus conhecidos da espécie. >

112   Em muitos escritos o raciocínio do autor, ou aquela massa, a que estão aderidos os fatos e as experiências, é um confluir dos mais notáveis fenômenos psíquicos — extremamente instrutivo para o antropognosta[133] — cheio de traços de disposições astênicas e incandescimentos indiretos.

113   Resenhistas são funcionários de polícia literários. Médicos fazem parte dos funcionários de polícia. Por isso deveria haver revistas críticas que tratassem os autores medicinal e cirurgicamente, em conformidade com as regras da arte, e não se limitassem a seguir a pista da doença, e a dá-la a conhecer com malevolência. Os métodos de cura existentes até agora eram na maior parte bárbaros.

    Genuína polícia não é meramente defensiva e polêmica contra o mal existente — mas procura melhorar a disposição doentia.

114   < A *Allgemeine Litteratur Zeitung*[134] faz parte daquelas pessoas que por apego aos bens desta vida procuram apenas conservar a vida tão longamente quanto possível. A macrobiótica de Hufeland[135] já foi posta em execução antecipadamente pela editoria da *Allgemeine Litteratur Zeitung*. No começo ela vivia em deboche com ideias novas. Uma constituição débil já tinha ela desde sempre. O uso prolongado dos conceitos kantianos lhe fez muitos danos. Agora ela se tornou mais cautelosa e procura agora, através de alimentos de abstinência, uso mais raro de meios espirituosos e acomodação aos influxos do clima, segundo o louvado princípio da mediocridade, de Hufeland, prolongar para si o sonho dourado da existência terrestre, tão longamente quanto possível. >

104. *Foram escritos muitos livros antirrevolucionários a favor da revolução. Burke porém escreveu um livro revolucionário contra a revolução. [115]*

———————

105. *A maioria dos observadores da revolução, particularmente os sábios e nobres, a explicaram como uma doença perigosa para a vida e contagiosa. Ficaram nos sintomas e misturaram estes entre si de múltiplos modos e assim os interpretaram. Muitos consideraram o caso como um mal meramente local. Os oponentes mais ricos de gênio insistiram em castração. Notaram bem que essa pretensa doença nada é senão crise de entrada na puberdade. [116]*

———————

106. *Quão desejável não é ser contemporâneo de um homem verdadeiramente grande! A maioria dos alemães cultivados de agora não é dessa opinião. Ela é refinada o bastante, para renegar tudo o que é grande, e segue o sistema do aplainamento. Se apenas o sistema copernicano não estivesse tão firme, ser-lhes-ia muito cômodo fazer do Sol e dos astros fogos-fátuos novamente, e da Terra o universo, [in 117] Por isso Goethe, que é agora o verdadeiro delegado do espírito poético sobre a Terra [118], é tratado tão comumente quanto possível e olhado com desdém, quando não satisfaz as expectativas do passatempo costumeiro, e por um instante os põe em embaraço consigo mesmos. Um interessante sintoma dessa fraqueza direta da alma é a acolhida que* Hermann e Dorothea *encontrou no público em geral. [in 117]*

———————

108. *Descrever seres humanos tem sido impossível até agora, porque não se tem consciência do que é um ser humano. Se primeiro se souber o que é um ser humano, então se poderá também descrever indivíduos de modo verdadeiramente genético. [119]*

115 < Foram escritos muitos livros antirrevolucionários a favor da revolução. Burke[136] porém escreveu um livro revolucionário contra a revolução. >

116 < A maioria dos observadores da revolução, particularmente os sábios e nobres, a explicaram como uma doença perigosa para a vida e contagiosa — ficaram nos sintomas, e misturaram estes entre si de múltiplos modos e assim os interpretaram — muitos consideraram o caso como um mal meramente local — os oponentes mais ricos de gênio insistiram em castração — Notaram bem — que essa pretensa doença nada é, senão crise de entrada na puberdade. >

117 < Quão desejável não é — ser contemporâneo de um homem verdadeiramente grande? A maioria dos alemães cultivados de agora não é dessa opinião — Ela é refinada o bastante para renegar tudo o que é grande e segue o sistema do aplainamento. Se apenas o sistema copernicano não estivesse tão firme, ser-lhes-ia muito cômodo fazer do Sol e dos astros fogos-fátuos novamente e da Terra o universo. Um grande homem, que existe agora entre nós, é por isso tratado tão comumente quanto possível — e olhado com desdém, quando não satisfaz as expectativas do passatempo costumeiro, e por um instante os põe em embaraço consigo mesmos. Um interessante sintoma dessa fraqueza direta da alma[137] é a acolhida de *Hermann e Dorothea*.[138]>

118 Goethe é agora o verdadeiro delegado[139] do espírito poético sobre a Terra.

119 < Descrever seres humanos tem sido impossível até agora, porque não se tem consciência do que é um ser humano — Se primeiro se souber o que é um ser humano, então se poderá também descrever indivíduos de modo verdadeiramente genético. >

107.   *Os geognostas acreditam que o centro de gravidade físico está situado entre Fez e Marrocos. Goethe, na qualidade de antropognosta, opina, no* Wilhelm Meister, *que o centro de gravidade intelectual está situado entre a nação alemã. [121]*

120   < Quem quer tomar fragmentos desta espécie pela palavra pode ser um homem honrado — só que não deve se fazer passar por poeta. Então é preciso ser-se sempre cauteloso? Quem é velho demais para exaltar-se,[140] que evite encontros juvenis. Agora são saturnais literárias — Quanto mais colorida vida, melhor. >

121   < Os geognostas[141] acreditam que o centro de gravidade físico está situado entre Fez e Marrocos — Goethe, na qualidade de antropognosta, opina, no *Wilhelm Meister*, que o centro de gravidade intelectual está situado entre a nação alemã.[142]>

122   < Onde a maioria decide — domina a força sobre a forma — Vice-versa, onde a minoria tem a sobremão.

Ousadia é o que não se pode censurar aos políticos teóricos. A nenhum deles ocorreu ainda pesquisar — se monarquia — e democracia pura e simplesmente, como elementos de um verdadeiro Estado universal, não deveriam e poderiam ser unificadas?

Uma verdadeira democracia é um absoluto minus-Estado.[143] Uma verdadeira monarquia é um absoluto plus-Estado. A Constituição da monarquia é o caráter do governante. A garantia dela é sua vontade.

Democracia, no sentido costumeiro, não é em fundamento distinto da monarquia, só que aqui o monarca é uma massa de cabeças. Genuína democracia é protestantismo — estado de natureza[144] político, como o protestantismo no sentido estreito — estado de natureza religioso.

A forma moderada de governo é metade Estado e metade estado de natureza — é uma *máquina* artificial, muito frágil — por isso repugna extremamente a todas as cabeças geniais — mas é o cavalinho de pau[145] de nosso tempo. Se essa máquina se deixasse metamorfosear em um ser vivo, autônomo, o grande problema estaria solucionado. Arbítrio natural e coerção artificial se interpenetram, quando se as dissolve em espírito. O espírito torna ambas fluidas. O espírito é sempre poético. O Estado poético — é o Estado verdadeiro, perfeito.

Um Estado muito rico de espírito torna-se por si mesmo poético — Quanto mais espírito e trânsito espiritual há no Estado, tanto mais ele se aproximará do poético — quanto mais alegremente cada qual, dentro dele,

109.   *Nada é mais poético que recordação e pressentimento, ou representação do futuro. [in 123] As representações da antiguidade atraem-nos para o morrer, o desvanecer no ar. As representações do futuro impelem-nos ao vivificar, ao abreviar, à eficácia assimilante. Por isso toda recordação é melancólica, todo pressentimento alegre. Aquela modera a vivacidade demasiado grande, este eleva uma vida fraca demais. [124] O presente costumeiro vincula ambos por limitação. Nasce contiguidade, por solidificação[,] cristalização. Há porém um presente espiritual, que identifica ambos por dissolução, e essa mescla é o elemento, a atmosfera do poeta. [in 123]*

limitará, por amor ao belo, grande indivíduo, suas pretensões e quererá fazer os necessários sacrifícios — tanto menos o Estado precisará disso — tanto mais semelhante será o espírito do Estado ao espírito de um homem individual modelar — que pronunciou para sempre uma única lei — Sê tão bom e poético, quanto possível. >

123   < Nada é mais poético que recordação e pressentimento, ou representação do futuro. O presente costumeiro vincula ambos por limitação — Nasce contiguidade, por solidificação — cristalização. Há porém um presente espiritual — que identifica ambos por dissolução — e essa mescla é o elemento, a atmosfera do poeta. Não espírito é matéria. >

124   < As representações da antiguidade atraem-nos para o morrer, o desvanecer no ar — as representações do futuro — impelem-nos ao vivificar — ao corporificar,[146] à eficácia assimilante.

Por isso toda recordação é melancólica — todo pressentimento, alegre. Aquela modera a vivacidade demasiado grande — este eleva uma vida fraca demais. >

125   < O verdadeiro leitor tem de ser o autor amplificado. É a instância superior, que recebe a causa já preliminarmente elaborada da instância inferior. O sentimento, por intermédio do qual o autor separou os materiais de seu escrito, separa novamente, por ocasião da leitura, o que é rude e o que é formado no livro — e se o leitor elaborasse o livro segundo sua ideia, um segundo leitor apuraria ainda mais, e assim, pelo fato de a massa elaborada entrar sempre de novo em recipientes frescamente ativos, a massa se torna por fim componente essencial — membro[147] do espírito eficaz.

Athenaeum.

Eine Zeitschrift

von

August Wilhelm Schlegel

und

Friedrich Schlegel.

Ersten Bandes Erstes Stück.

Berlin, 1798.
bey Friedrich Vieweg dem älteren.

Frontispício do *Athenaeum*

< Através da releitura *imparcial* de seu livro o autor pode ele mesmo apurar seu livro. Com estranhos, o peculiar costuma perder-se, porque é tão raro o dom de adentrar plenamente numa ideia alheia. Frequentemente com o próprio autor. Não é nenhum indício de maior cultura, ou de maiores forças, fazer sobre um livro a censura certa. Diante de impressões novas a maior agudeza do sentido[148] é totalmente natural. >

FRAGMENTOS LOGOLÓGICOS I E II

I

1 < A História da Filosofia até agora nada é, senão uma historia das tentativas de descobrimento de filosofar. Tão logo se filosofa — nascem filosofemas, e a genuína ciência natural dos filosofemas é a *filosofia*. >[1]

2 < Estas múltiplas perspectivas de meus anos de formação filosóficos podem talvez entreter aquele que encontra sua alegria na observação da natureza em devir e não ser inúteis àquele que está ainda ele mesmo envolvido nesses estudos. >

3 < A letra é apenas um auxílio da comunicação filosófica, cuja essência própria consiste no suscitamento de uma determinada marcha de pensamentos.[2] O falante pensa produz — o ouvinte reflete[3] — reproduz. As palavras são um meio enganoso do pré-pensar — veículo inidôneo de um estímulo determinado, específico. O genuíno mestre é um indicador de caminho. Se o aluno é de fato desejoso da verdade, é preciso apenas um *aceno*, para fazê-lo encontrar aquilo que procura. A exposição[4] da filosofia consiste portanto em puros temas — em proposições iniciais — princípios. Ela é só para amigos autoativos da verdade. O desenvolvimento analítico do tema é só para preguiçosos ou inexercitados. — Estes últimos precisam aprender a voar através dele e a manter-se numa direção determinada.

   Atenção é uma força centrante. Com a direção dada começa a relação eficaz entre o dirigido e o objeto da direção. Se mantemos firme essa direção chegamos então apoditicamente seguros ao alvo fixado.

   Genuíno *filosofar-em-conjunto* é portanto uma expedição em comum em direção a um mundo amado — na qual nos revezamos mutuamente no posto mais avançado, que torna necessária a tensão máxima contra o elemento resistente, no qual voamos. >[5]

4 < Um problema é uma massa sólida, sintética, que mediante a faculdade de pensar penetrante é decomposta. Assim é inversamente o fogo a faculdade de pensar da natureza e cada *corpo* um *problema*. >[6]

5   < É preciso saber distinguir em cada filosofia o contingente do essencial. Faz parte desse contingente o seu lado polêmico. Em tempos posteriores a fadiga desperdiçada na refutação e eliminação de opiniões precedentes aparece como bastante estranha — Propriamente é essa polêmica ainda um autocombate — de vez que o pensador que não cabe mais no seu tempo[7] é no entanto ainda desassossegado pelos preconceitos de seus anos acadêmicos — um desassossego, do qual em tempos mais claros não se pode mais ter noção nenhuma, porque não se sente nenhuma necessidade de pôr-se em segurança contra ele. >[8]

6   < Cada palavra é uma palavra de conjuro. Qual espírito chama — um tal aparece. >

7   < Quando se começa a refletir[9] sobre filosofia — então parece-nos a filosofia, como Deus e amor, ser tudo. Ela é uma ideia mística,[10] eficaz ao extremo, *penetrante* — que nos impele incessantemente para todas as direções. A decisão de filosofar — Procurar filosofia é o ato da manumissão — o golpe sobre nós Mesmos.[11]>

8   < Fora da filosofia da filosofia há ainda certamente filosofias — que poderíamos chamar filosofias individuais. O método é genuinamente filosófico — Elas partem do absoluto — só que não de um absoluto puro. São por isso propriamente mesclas de filosofia e a-filosofia, e quanto mais íntimo é o entremesclamento, mais interessante. São individuais desde o fundamento — Põem uma síntese, com violência, como tese.[12] A exposição da fil[osofia] da fil[osofia] terá sempre algo de uma filosofia individual.[13] O poeta igualmente expõe apenas fil[osofia] individual, e todo ser humano, por mais vividamente que de resto possa reconhecer a fil[osofia] da fil[osofia], será na prática apenas mais ou menos filósofo individual e, a despeito de todo esforço, nunca poderá sair totalmente do círculo mágico de sua filosofia individual. >

9   < Deveria o princípio supremo conter o paradoxo supremo em seu problema?[14] Ser uma proposição, que não deixasse absolutamente nenhuma paz — que sempre atraísse, e repelisse — sempre se tornasse de novo ininteligível, por mais vezes que já se a tivesse entendido? Que incessantemente ativasse nossa atividade — sem jamais cansá-la, sem jamais se tornar costumeira? Segundo antigas tradições místicas Deus é para os espíritos algo semelhante. >

10   < Nosso pensamento foi até agora seja meramente mecânico — *discursvo* — atomístico — ou meramente intuitivo — dinâmico — Acaso chegou agora o tempo da unificação? >[15]

11   < Seria bem possível que Fichte fosse o inventor de uma espécie totalmente nova de pensar — para a qual a linguagem ainda não tem nenhum nome. O inventor não é talvez o artista mais destro e mais rico de sentido em seu instrumento — ainda que eu não diga que assim seja — É porém verossímil, que homens há e haverá — que fichtizarão[16] muito melhor que Fichte. Podem nascer aqui *prodigiosas obras de arte* — se um dia se começar a praticar artisticamente o fichtizar. >

12   < No sentido mais próprio filosofar é — um acariciar — um testemunho do mais íntimo amor ao refletir, do absoluto prazer pela sabedoria. >

——————

13   O pensador rude, discursivo, é o escolástico. O genuíno escolástico é um sutilista místico. De átomos lógicos constrói ele seu todo cósmico — aniquila toda natureza viva, para pôr em seu lugar uma obra de arte de pensamentos — Seu alvo é um autômato infinito. A ele se opõe o poeta rude, intuitivo. Ele é um macrólogo místico. Odeia regra, e forma fixa. Uma vida selvagem, violenta, reina na natureza — Tudo está vivificado. Nenhuma lei — arbítrio e prodígio por toda parte. Ele é meramente dinâmico.[17]

Assim o espírito filosófico agita-se primeiramente em massas completamente separadas.

No segundo estágio da civilização começam essas massas a tocar-se — bastante multiplamente — Assim como na unificação de extremos infinitos nasce em geral o finito, limitado, assim nascem agora também aqui ecléticos sem número. O tempo dos mal-entendidos começa. O mais limitado é nesse estágio o mais significativo, o mais puro filósofo do segundo estágio. Essa classe está totalmente restrita ao mundo efetivo, presente, no sentido mais rigoroso. Os filósofos da primeira classe olham de cima com desprezo para esta segunda. Dizem que ela é tudo apenas um pouquinho — e consequentemente nada. Consideram suas perspectivas como consequências da fraqueza, como inconsequentismo. Como contrapartida, a segunda classe é concorde na compaixão pela primeira — à qual ela culpa pela mais absurda exaltação, chegando até ao delírio.[18]

Se de um dos lados escolásticos e alquimistas parecem estar totalmente cindidos, e em contrapartida os ecléticos parecem ser um só, no entanto, ao reverso, é tudo diretamente invertido. No essencial aqueles têm indiretamente um único sentido — ou seja, concordam sobre a absoluta independência e infinita tendência da meditação — Partem ambos do absoluto — enquanto os bitolados são no essencial desunidos consigo mesmos e só concordam no derivado. Aqueles são infinitos, mas uniformes — estes limitados — mas múltiplos. Aqueles têm o gênio — estes o talento — aqueles as ideias — estes o golpe de mão. Aqueles são cabeças, sem mãos, estes mãos, sem cabeças.

O terceiro estágio galga o artista, que é utensílio e gênio ao mesmo tempo. Ele encontra que aquela separação originária das atividades filosóficas absolutas é uma separação a nível mais profundo de seu próprio ser — cuja subsistência repousa sobre a possibilidade de sua mediação — de sua vinculação. Encontra que, por mais heterogêneas que sejam essas atividades, no entanto já se encontra nele uma faculdade de passar de uma delas à outra, de alterar a seu agrado sua polaridade — Descobre portanto nelas membros necessários de seu espírito — nota que ambas têm de estar unificadas em um princípio comum. Conclui daí que o ecletismo nada é, senão o resultado do uso incompleto, deficiente, dessa faculdade. Torna-se mais que verossímil para ele que o fundamento dessa incompletude é a fraqueza da imaginação produtiva — que no momento do passar de um dos membros ao outro não consegue manter-se oscilante e intuir.[19] A exposição completa da vida genuinamente espiritual elevada à consciência por essa ação é a *filosofia kat exochin*. Aqui nasce aquela reflexão *vivente*, que, com cuidadoso trato, expande-se posteriormente por si mesma em um universo espiritual infinitamente configurado — o cerne ou o germe de uma organização omniabrangente — É o começo de uma verdadeira *autopenetração do espírito*, que nunca termina.

14   Sofistas são pessoas que, atentas às fraquezas dos filósofos e a erros técnicos, procuram utilizá-los em seu proveito ou em geral para certos fins a-filosóficos, indignos — frequentemente a própria filosofia. Estes não têm portanto nada que ver com a filosofia. Se são por princípio a-filosóficos — devem então ser considerados como inimigos da fil[osofia], e como inimigos tratados. A mais perigosa classe deles são os céticos por *puro ódio à filosofia*. Os demais céticos são em parte muito dignos de respeito. São os precursores do terceiro período. Têm um dom de distinção genuinamente filosófico — e falta-lhes apenas potência espiritual. Têm a devida capacidade — mas não a força autoincitante.[20] Sentem o insuficiente dos sistemas que existiram até

agora — Nenhum deles os *vivifica*[21] totalmente. Têm genuíno gosto — mas falta a necessária energia da imaginação produtiva. Têm de ser polêmicos. Todos os ecléticos são céticos em fundamento — Quanto mais abrangem, tanto mais céticos — esta última observação é confirmada pelo fato — de que os maiores e melhores doutos até este tempo foram os que no fim de sua vida menos reconheceram *saber*.

15   Filosofistizar é desflegmatizar — Vivificar.[22] Até agora, na investigação da filosofia, o que se fez foi primeiro assassinar a filosofia e a seguir desmembrá-la e dissolvê-la. Acreditava-se que os componentes do *Caput mortuum* seriam os componentes da filosofia. Mas sempre cada tentativa de redução, ou de recomposição, falhava. Somente nos tempos mais recentes começou-se a observar a filosofia viva, e bem poderia acontecer que assim se adquirisse a arte de *fazer filosofias*.

16   A lógica costumeira é a gramática da linguagem superior ou do pensamento. Contém meramente as relações dos conceitos entre si — a mecânica do pensamento — a fisiologia pura dos conceitos. Os conceitos lógicos relacionam-se porém um com o outro, como as palavras, sem pensamentos.[23]

A lógica ocupa-se meramente com o corpo morto da doutrina do pensamento.

A metafísica é a dinâmica pura do pensamento. Trata das forças de pensamento originárias — Ocupa-se com a mera alma da doutrina do pensamento. Os conceitos metafísicos relacionam-se um com o outro, como *pensamentos*, *sem palavras*. Frequentemente se admirou o persistente inacabamento de ambas as ciências. Cada qual desenvolvia sua essência por si,[24] e por toda parte ela falta. Ela nunca quis adaptar-se direito em cada qual. Logo de começo se procurou unificá-las, já que tudo nelas sugeria parentesco — Mas toda tentativa fracassava — já que uma das duas sempre sofria com isso e perdia seu caráter essencial. Ficou-se em lógica metafísica — ou metafísica lógica — mas nenhuma delas era o que deveria ser. Com a fisiologia e a psicologia, a mecânica e a química, as coisas não iam melhor. Na última metade deste século nasceu aqui um incandescimento novo, mais veemente que nunca — as massas hostis levantaram-se mais fortemente que nunca, uma contra a outra — a fermentação foi desmedida — seguiram-se potentes explosões. Agora afirmam alguns — que em alguma parte aconteceu uma verdadeira interpenetração — nasceu um germe de unificação, que pouco a pouco cresceria e assimilaria tudo em uma única, indivisível figura — Que esse princípio de paz perpétua penetre irresistivelmente por todos os lados, e em breve haja somente uma única ciência e um único espírito, assim como há um único profeta e um único Deus.

17   < A forma perfeita e acabada das ciências tem de ser poética. Cada proposição tem de ter um caráter autônomo — ser um indivíduo inteligível por si, invólucro de uma inspiração chistosa.[25]>

18   <A primeira proposição sintética é como que o primeiro cerne. Solta-se dos dois termos extremos uma proposição após a outra segundo leis de atração do cerne e mediante seu passar através da primeira proposição é assimilada a esta — e assim cresce a filosofia ao infinito, para fora e para dentro — Esforça-se[26] como que para preencher o espaço infinito entre os termos extremos. >

19   As supremas tarefas são as que ocupam o homem mais cedo. Com extrema vivacidade sente o homem, ao primeiro refletir,[27] o carecimento de unificar os supremos extremos. Com crescente civilização suas tentativas diminuem em genialidade — mas aumentam em utilidade — com o que ele é induzido ao erro — de abstrair totalmente dos termos extremos e pôr[28] seu mérito meramente na unificação de termos condicionados mais próximos. Não pode porém deixar de acontecer que ele logo note a necessária deficiência desse método e olhe em torno de si em busca da possibilidade de vincular as vantagens do primeiro método com as vantagens do segundo método e assim, complementar ambos. Agora lhe ocorre enfim procurar em si mesmo, como centro absoluto desses mundos separados,[29] o absoluto termo de unificação — Ele vê de uma vez, que *realiter* o problema já está solucionado por sua existência — e a consciência das leis de sua existência é a ciência *kat exoxin*,[30] que ele há tempo já busca. Com o descobrimento dessa consciência o grande enigma está em fundamento solucionado. Assim como sua vida é filosofia real, assim sua filosofia é vida ideal[31] — vivente teoria da vida. De fatos contingentes, nascem experimentos sistemáticos. Seu caminho lhe está agora pré-designado por eternidades — Sua ocupação é amplificação de sua existência na infinitude — o sonho de sua juventude tornou-se uma bela efetividade — suas esperanças e pressentimentos mais antigos se tornaram profetizações simbólicas.[32] A aparente contradição[33] da tarefa originária — dos problemas[34] — solução e não-solução ao mesmo tempo — está perfeitamente removida.

20   Em lugar de cosmogenias e teogenias ocupam-se nossos filósofos com antropogenias.[35]

21   Há certas ficções em nós, que parecem ter um caráter totalmente outro, que as demais,[36] pois são acompanhadas do sentimento de necessidade,[37] e no entanto não se apresenta nenhum fundamento externo para elas. Parece ao ser humano, como se ele estivesse envolvido em um diálogo, e algum ser desconhecido, espiritual, o ocasionasse de um modo prodigioso ao desenvolvimento dos pensamentos mais evidentes. Esse ser tem de ser um ser superior, porque se põe em relação com ele de uma maneira, que não é possível a nenhum ser ligado a fenômenos — Tem de ser um ser homogêneo, porque o trata como um ser espiritual e o solicita apenas à mais rara autoatividade. Esse eu de espécie superior relaciona-se ao homem, como o homem à natureza, ou como o sábio à criança. O homem anseia igualar-se a ele, assim como procura tornar o n[ão-]e[u] igual a si.

Demonstrar esse fato não é possível. Cada qual tem de experienciá-lo ele mesmo.[38] É um fato de espécie superior, que somente o homem superior atingirá. Os homens devem porém empenhar-se em ocasioná-lo em si.

A ciência, que nasce através disto, é a d[outrina-da-]c[iência] superior.[39] < Aqui a proposição: eu determina n[ão-]e[u] é o princípio da parte teórica, e a proposição: eu é determinado — princípio da parte prática. > A parte prática contém a autoeducação do eu para tornar-se apto àquela comunicação — a parte teórica — os caracteres da genuína comunicação.[40] Os ritos fazem parte da educação.

Em Fichte a parte teórica contém os caracteres de uma genuína representação — a prática a educação e formação do n[ão-]e[u] para se tornar apto a uma verdadeira influência, a uma verdadeira comunidade com o eu — consequentemente, também a paralela autoformação do eu.

Moralidade é portanto pertinente em ambos os mundos; aqui, como fim — ali como meio — e é o elo que vincula ambos.

22   Filosofar é uma autointerpelação da espécie acima — uma autêntica autorrevelação — suscitamento do eu efetivo pelo eu ideal. Filosofar é o fundamento de todas as outras revelações. A decisão de filosofar é uma solicitação ao eu efetivo,[41] de que ele tome consciência,[42] desperte e seja espírito. Sem filosofia não há genuína moralidade, e sem moralidade não há filosofia.

23   < A ligação de espinosismo e hilozoísmo[43] traria consigo a unificação de materialismo e teísmo. >

24   < Força é a matéria da matéria.[44] Alma a força d[as] forças. Espírito é a alma das almas. Deus é o espírito dos espíritos. >

25   <Baader,[45] Fichte, Schelling, Hiilsen[46] e Schlegel eu denominaria o Diretório Filosófico na Alemanha. Ainda se pode esperar infinitamente muito desse quinquenvirato. Fichte preside e é *gardien de la Constitution*.[47]>

26   < A possibilidade de toda filosofia repousa em que — a inteligência se dê através de autocontacto um movimento autolegalizado[48] — i. e. uma forma própria[49] de atividade. (Vide a teoria da articulação de Baader.)[50]>

II

27   Em lugar de cosmogenias e teogenias ocupa nossos filósofos — *antropogenia*.[51]

28   Se o mundo é como que um precipitado da natureza humana, o mundo dos deuses é uma sublimação — Ambos ocorrem *uno actu* — Não há precipitado plástico, sem sublimado espiritual. O que aquele perde em calor, ganha este. Deus e mundo nascem numa única alternância ao mesmo tempo — através de uma decomposição da natureza humana. / Maus e bons espíritos são como que azoto e ar vital. A vida animal requer ambos — e o corpo animal na sua maior parte consiste em matéria espiritual má./[52]

29   O poema do entendimento é filosofia — É o supremo arrojo, que o entendimento se dá por sobre si mesmo — Unidade do *entendimento* e da *imaginação*. Sem filosofia permanece o homem desunido em suas forças essenciais — São dois homens — Um entendedor — e um poeta.

     Sem filosofia imperfeito poeta — Sem filosofia imperfeito pensador — julgador.

30   Da resenha da d[outrina-da-]c[iência] fichtiana na Gaz[eta] Lit[erária][53]

     Saber *puro, incondicionado — saber independente da experiência* foi desde sempre o alvo dos esforços da razão fil[osofante].

PROFETISMO METÓDICO

O cético e o dogmaticista entendem pelo saber puro *o conhecimento das coisas em si*. Razão pura é para eles a faculdade de representar-se as coisas em si.

O criticismo se distingue deles através de que ele nem *expressamente* nem *tacitamente pressupõe* — que *aquele saber tenha de ser conhecimento das coisas em si*.

Dessa *nova investigação* resulta:

1. que conhecimento das coisas em si é impossível, porém
2. um saber *independente da experiência* e nessa medida *puro* é possível,
3. que o mesmo tem de ter as condições de possibilidade da *experiência*, como tal, mas também só *elas unicamente*, por objeto,
4. que ele, como saber puro, não através da crítica, mas através de uma ciência racional pura especial, para a qual aquela se comporta meramente como propedêutica, pode ser estabelecido,
5. que a *razão em geral*, não como faculdade de representar coisas em si, se deixa pensar,
6. que para ela somente *mediante* a sensibilidade e o entendimento ligado à sensibilidade é possível *conhecimento objetivamente real*,
7. que através da r[azão] pura *imediatamente* nada, ...[54]

POESIA

31   < A poesia eleva cada indivíduo através de uma ligação específica com o todo restante — e se é a filosofia que através de sua legislação prepara o mundo para a influência eficaz das ideias, então poesia é como que a chave da filosofia, seu fim e sua significação; pois a poesia forma a bela sociedade — a família mundial — a bela economia doméstica do universo.

Assim como a filosofia, através de sistema e Estado, *reforça* as *forças* do indivíduo com as forças da humanidade e do todo cósmico, faz do todo o órgão do indivíduo e do indivíduo o órgão do todo — Assim a poesia, a respeito da *vida*. O indivíduo vive no todo e o todo no indivíduo. Através da poesia nasce a suprema simpatia e coatividade, a mais íntima *comunidade* de finito e infinito. >[1]

32   < O poeta conclui, assim que começa o traço. Se o filósofo apenas ordena tudo, coloca tudo, então o poeta dissolveria todos os elos. Suas palavras não são signos universais — são sons — palavras mágicas, que movem belos grupos em torno de si.[2] Assim como as roupas dos santos conservam ainda forças prodigiosas, assim muita palavra foi santificada através de alguma lembrança magnífica e quase por si só já se tornou um poema. Para o poeta a linguagem nunca é pobre demais, mas é sempre universal demais. Ele frequentemente precisa de palavras que se repetem, que através do uso já esgotaram seu papel. Seu mundo é simples, como seu instrumento — mas igualmente inesgotável em melodias. >

33   < Tudo aquilo que nos circunda, as ocorrências diárias, as relações costumeiras, os costumes de nosso modo de vida, têm uma ininterrupta, por isso mesmo imperceptível, mas sumamente importante influência sobre nós. Por mais salutar e conveniente que nos seja esse circuito, na medida em que somos companheiros de um tempo determinado, membros de uma corporação específica, no entanto ele nos impede de um desenvolvimento superior de nossa natureza. Homens divinatórios, mágicos, genuinamente poéticos, sob relações como são as nossas, não podem surgir. >

34   < O poema dos selvagens é uma narração sem começo, meio e fim — o contentamento, que eles sentem com isso[,] é meramente patológico — simples ocupação, vivificação meramente dinâmica da faculdade de representação.

O poema épico é o poema primitivo nobilitado. No essencial, o mesmo que ele.

O romance já se ergue muito acima — Aquele perdura — este está em crescimento — naquele a progressão é aritmética, no romance geométrica. >

35   < Quem não é capaz de fazer um poema, também só o julgará negativamente. A genuína crítica requer a aptidão de produzir por si mesmo o produto a ser criticado. O gosto por si só julga apenas negativamente.[3]>

36   < Poetar é gerar. Todo o poetado tem de ser um indivíduo vivente. > Que inesgotável quantidade de materiais para *novas* combinações individuais não existe ao redor! Quem uma vez adivinhou esse segredo — esse não necessita de mais nada, a não ser a decisão de renunciar à infinita multiplicidade e a seu mero gozo e de em alguma parte *começar* — mas essa decisão custa o livre sentimento de um mundo infinito — e exige a limitação a um fenômeno individual do mesmo —

Deveríamos talvez atribuir a uma decisão semelhante nossa existência terrestre?

37   < Poesia é a base da sociedade, assim como virtude é a base do Estado. Religião é uma mescla de poesia e virtude — adivinhe-se portanto — qual base? >

38   < O artista ergue-se sobre o homem, como a estátua sobre o pedestal. >

39   < Assim como a massa está vinculada com o belo contorno, assim o passional com a descrição, na obra de arte. >

40   < O artista é inteiramente transcendental.[4]>

41   O mímico vivifica em si o princípio de uma determinada individualidade *arbitrariamente*.

Há uma imitação sintomática e uma genética. Esta última é a única vivente. Pressupõe a mais íntima unificação da imaginação e do entendimento.

Essa faculdade de despertar verdadeiramente em si uma individualidade alheia — não meramente enganar através de uma imitação superficial — é ainda totalmente desconhecida — e repousa sobre uma sumamente prodigiosa *penetração* e mímica espiritual. O artista faz de si tudo aquilo que vê e quer ser.

42   < Poesia é a grande arte da construção da saúde transcendental. O poeta é portanto o médico transcendental.

A poesia reina e impera com dor e cócega — com prazer e desprazer — erro e verdade — saúde e doença — Mescla tudo para seu grande fim dos fins — a *elevação do homem acima de si mesmo.* >

43   < Assim como as filosofias até agora estão para a logologia,[5] assim estão as poesias até agora para a poesia, que há de vir.

As poesias até agora atuavam na maior parte dinamicamente, a futura, a poesia transcendental, poderíamos chamar orgânica.[6] Quando ela estiver inventada, então se verá que todos os poetas genuínos até agora, *sem seu saber,*[7] poetizaram organicamente — que porém essa falta de consciência daquilo que faziam — tinha uma influência essencial sobre o todo de suas obras — de modo que em sua grande maioria eram genuinamente poéticas apenas no individual — no todo porém, de costume, apoéticas. A logologia trará necessariamente consigo essa revolução. >

44   < O conteúdo do drama é um vir-a-ser ou um perecer. Ele contém a exposição da gênese de uma figura orgânica a partir do fluido — de um acontecimento bem articulado a partir do acaso — Contém a exposição da dissolução — do perecimento de uma figura orgânica no acaso. Pode conter ambas ao mesmo tempo e então é um drama completo. Vê-se facilmente que o conteúdo dele tem de ser uma metamorfose — um processo de depuração, de redução. Édipo em Colonos é um belo exemplo disso — assim também Filocteto.[8]>

45   < O conto de fadas de Goethe é uma ópera narrada. >

46   < A poesia dissolve a existência alheia em própria. >

47   < A poesia transcendental é mesclada de filosofia e poesia. Em fundamento envolve todas as funções transcendentais e contém, em ato,[9] o transcendental em geral. O poeta transcendental é o homem transcendental em geral. >

48   Da elaboração da poesia transcendental pode-se esperar uma trópica[10] — que compreende as leis da *construção simbólica* do mundo transcendental.

49   < O gênio em geral é poético. Onde o gênio atuou — atuou poeticamente. O homem genuinamente moral é poeta. >

50   < O genuíno começo é poesia-natureza. O fim é o segundo começo — e é poesia-arte. >

51   < Seria uma pergunta engenhosa, se o poema lírico seria propriamente *poema,* plus-poesia, ou prosa, minus-poesia?[11] Assim como se tomou o romance por prosa, assim se tomou o poema lírico por poesia — ambos injustamente. A mais alta, a mais autêntica prosa é o poema lírico.

A assim chamada prosa nasceu por limitação dos extremos absolutos — Ela está ai apenas *ad interim* e desempenha um papel subalterno, temporário. Chega um tempo, onde ela não mais é. Então da limitação se fez uma interpenetração. Uma verdadeira vida nasceu, e com isso prosa e poesia estão unificadas da maneira mais íntima, e postas em alternância.[12] >

APÊNDICE

CARTA DE HARDENBERG A
AUGUST WILHELM SCHLEGEL

Freiberg: 12 de janeiro de 1798.[13]

Faz bom tempo que não tenho ouvido nada de você. Entretanto tenho estado algumas vezes com a alma inteira a seu lado. Sua excelente irmã[14] eu ainda vi durante minha estada em Dresden e tive uma acolhida bem cordial junto a ela. Ela me agradou em Dresden mais que nunca. Falamos de você e como me agradou a notícia, que ela me comunicou, de sua decidida estada em Dresden. Há de ser-me indescritivelmente caro sabê-lo tão próximo e fruir vocês todos em uma intimidade tão cheia de alma. Meu afastamento de um convívio tão formador, como é o de vocês, eu o sinto muito vividamente. O que não teria eu dado, se recentemente ao ler sua filosofia H e D[15] tivesse podido estar a seu lado. Você deflogistizou[16] minha fruição desse belo poema. Nesse alto espírito, com que você o circunda, ele brilha com decuplicadas luzes, e se separa com os mais rigorosos contornos de tudo o que o circunda.

Algumas passagens vivificaram-me eminentemente:

Clareza de espírito[17] é a mais precoce musa do ser humano empenhado por cultura[18] etc.

Um certeiro raio de luz sobre a poesia mais primitiva![19]

O *mistério do belo desdobramento* é um componente essencial do espírito poético em geral e bem poderia no poema lírico e dramático desempenhar também um papel capital — sem dúvida modificado pelo conteúdo diferente, mas igualmente visível — como claro e consciente intuir e descrever ao mesmo tempo — Dúplice atividade do criar e conceber, unificada em um único momento — uma perfeição recíproca[20] da imagem e do conceito — um unificado intro e extroagir — através do qual em um átimo o objeto e seu conceito estão prontos.

Não acreditei entendê-lo falsamente, quando tomei sua observação sobre o amor de modo que você não considera o amor como um fim direto, mas sim como um fim indireto. Desacerta-se a natureza do amor totalmente, quando se escolhe para si diretamente o amor como única ocupação — mas, e se todos os fins diretos se tornam como que meios para esse fim indireto, que unifica todos eles em um único ponto? que é a unidade superior de todas essas unidades inferiores? Se chamarmos a soma de todos os fins diretos cultura,[21] poderíamos dizer que o espírito dessa totalidade, a chave de cultura — o sentido desse grande objeto é *amor*.

Sem objeto não há espírito — sem cultura não há amor. Cultura é como que o ponto fixo, através do qual essa força de atração espiritual se manifesta — o órgão necessário dela. É como com a felicidade — É verdadeiramente insensato o assim chamado eudemonismo. Mas na verdade é digno de lástima, que jamais se dedicaram a refutações sérias dele — De fato nunca ocorreu a nenhum ser humano dotado de reflexão[22] fazer de um ser tão fugaz, como a felicidade, fim supremo, e portanto como que o primeiro *portador* do universo espiritual. Do mesmo modo se poderia dizer que os corpos celestes repousassem sobre éter e luz. Onde há um ponto fixo, ali reúnem-se éter e luz por si mesmos e começam sua celeste ciranda — Onde há dever e virtude — análogos àquele ponto fixo — ali aquele ser fugaz irá por si mesmo fluir para dentro e para fora e circundar aquelas frias regiões com atmosfera vivificante. Quem portanto não procura *fixar* aqueles, perseguirá estes em vão através de todos os espaços, sem jamais alcançá-los, sem jamais poder reuni-los e fixá-los.[23]

Uma expressão sumamente fecunda parece-me a do final sobre o ritmo da narrativa. Você parece acreditar que ele se relaciona ao épico como o oratório à métrica silábica.

E se agora se pensasse a coisa assim. Se a prosa quer ampliar-se e imitar a seu modo a poesia — então ela, tão logo abandona seus objetos costumeiros e se eleva acima do carecimento, tem também de adotar os costumes desse mundo superior e acomodar-se a uma elegância que lhe é desacostumada. Contudo permanece prosa — e portanto discurso limitado, dirigido a um fim determinado — meio. Adota apenas *ornatos* e condescende a uma certa coerção da eufonia na colocação das palavras e na alternância e formação das frases. Apresenta-se ricamente ornamentada e com excedência — e

114

o fogo superior, que a penetra, denuncia-se pela coesão *fluente* de seus membros — Ela é *um rio*.

Diferentemente a poesia. Ela é fluida por natureza — omniplasmável — e ilimitada — Cada estímulo a move para todos os lados — Ela é elemento do espírito — um oceano eternamente quieto, que somente na superfície se quebra em ondas arbitrárias. Se a poesia quer ampliar-se, só pode fazê-lo na medida em que se delimita — em que se contrai — deixa como que partir seu elemento ígneo — e o coagula. Adquire uma aparência prosaica — seus componentes não estão mais numa tão íntima comunidade — consequentemente não sob leis rítmicas tão rigorosas — Ela se torna mais apta à exposição do limitado. Mas permanece poesia — consequentemente fiel às leis essenciais de sua natureza — Torna-se como que um ser orgânico — cuja estrutura inteira denuncia sua gênese a partir do fluido, sua natureza originalmente elástica, sua ilimitação, sua omniaptidão. Somente a mescla de seus membros é destituída de regra — a ordem deles — sua relação ao todo é ainda a mesma — Cada estímulo espalha-se dentro dela para todos os lados. Também aqui movem-se apenas os membros em torno do todo único, eternamente em repouso — Percebemos *a vida* — ou o *estado de espírito* — essa unidade imóvel e a medida de todos os movimentos — apenas mediante o movimento dos membros. Assim enxerga-se a razão apenas através do meio dos sentidos. Quanto mais simples, uniformes e calmos são também aqui os movimentos das frases — tanto mais concordantes são suas mesclas no todo — Quanto mais frouxa a conexão — quanto mais transparente e incolor a expressão — tanto mais *perfeita* esta, em oposição [à] prosa *ornamentada* — poesia *displicente*, aparentemente dependente do objeto.

A poesia aqui parece negligenciar o rigor de suas exigências — tornar-se mais à vontade e maleável — mas para aquele que ousa o experimento com a poesia nessa forma logo se tornará manifesto, quão difícil é realizá-la perfeitamente nessa configuração. Essa poesia ampliada é exatamente o supremo problema do poeta prático — um problema que só pode ser solucionado por aproximação,[24] e que pertence propriamente à *poesia superior*, cujos princípios se relacionam aos inferiores como os princípios da geometria superior[25] aos da inferior. Aqui há ainda um campo imensurável — um domínio, no sentido mais próprio, infinito — Poderíamos chamar aquela poesia superior à *poesia do infinito*.

Parece-me também que se poderia muito bem pensar um ritmo epistolar e dialógico, em relação ao lírico e dramático, assim como o ritmo romântico[26] ao épico.

Espero de você mais sobre isso. Perceba minha prontidão para comunicar-me a você do melhor modo possível. Leve-me a bem raciocinação — é ainda o melhor que tenho. Estou cheio de expectativas pela revista que há de vir.[27] De Friedrich não tenho ainda notícia nenhuma. Agora ele já tem duas cartas. Decerto está agora totalmente mergulhado em trabalhos para a revista — Você me dirá mais sobre isso. Estou razoavelmente aplicado e sem dúvida agora tenho tanto que fazer com migalhada empírica, que muitas vezes me vêm angústia e medo — de onde hei de tirar força digestiva. Que bem não me faz, quando às vezes posso desencavar minha cara especulação e aqui sozinho me sinto forte e vivo. Se os empíricos me tornam as coisas absurdas demais — então faço eu para mim um mundo empírico, onde tudo se passa lindamente segundo o ramerrão especulativo. Adeus, viva bem. A sua boa mulher minha saudação cordial, e também a Auguste.[28]

Hardenberg

POETICISMOS

52   < A prosa de Lessing[1] ressente-se frequentemente da falta de suplemento hieroglífico. >

53   < Lessing via com demasiada acuidade e nisso perdia o sentimento do todo indistinto, a mágica intuição dos objetos juntos em múltipla iluminação e escurecimento. >

54   < Assim como os períodos épico, lírico e dramático se seguiam um ao outro na História da poesia grega, assim revezam-se na História universal da poesia os períodos antigo, moderno e unificado. O interessante[2] é o objeto da minus-poesia.

Em Goethe parece ter-se instalado um cerne dessa unificação — Quem adivinhou o modo de seu surgimento deu a possibilidade de uma História perfeita da poesia. >

55   Entre os antigos era a religião já em certa medida aquilo que deve tornar-se entre nós — poesia prática.

56   < Voltaire é um dos maiores minus-poetas, que já viveram. Seu *Cândido* é sua *Odisseia*. Pena para ele, que seu mundo era um *boudoir* parisiense. Com menos vaidade pessoal e nacional ele teria sido ainda muito mais. >

57   < As obras de Klopstock[3] parecem na sua maior parte livres traduções e elaborações de um poeta desconhecido por um filólogo muito talentoso, mas apoético.>

58   Toda exposição do passado é uma tragédia no sentido mais próprio — Toda exposição do vindouro — do futuro — uma comédia.[4] A tragédia durante a mais alta vida de um povo está no lugar certo — assim como

a comédia na vida fraca do mesmo. Na Inglaterra e França seriam agora tragédias, enquanto na Alemanha em contrapartida comédias, que viriam bem a propósito.

59   Obras de arte plásticas nunca deveriam ser vistas sem música — obras de arte musicais, em contrapartida, só ouvidas em salões belamente decorados.

    Obras de arte poética, porém, nunca fruídas sem ambos ao mesmo tempo. Por isso a poesia atua tão extraordinariamente na bela casa de espetáculos, ou em igrejas decoradas com gosto. Em toda boa sociedade deveria a modo de pausa ser ouvido música. A sentida necessidade de decorações plásticas para a genuína socialidade foi produzida pela sala de visitas. O comer melhor, os jogos de sociedade, o traje mais ornamentado, a dança, e mesmo a conversação mais escolhida, mais livre, mais universal, nasceram através desse sentimento do viver superior em sociedade, e da consequente mescla de tudo o que é belo e vivificante em múltiplas ações conjuntas.

FRAGMENTOS I E II

I

60   *O poema lírico é o coro no drama da vida — do mundo. O poeta lírico é um coro amavelmente mesclado de juventude e idade, alegria, participação e sabedoria.

61   < Sobre governantes interessantes — que fecundamente *ampliaram* com novas ideias a *arte de governar* e deram a seus contemporâneos, a seu governo um grande caráter individual — aos quais a humanidade tem a agradecer progressos e ilustrações em grande escala. Neste século talvez somente Pedro o Grande e José Segundo. Frederico o Grande pelo menos não pertence totalmente a esta rubrica. Houve mais homens interessantes entre os governantes. >

62   *Mística crença e apego por aquilo que uma vez existe, pelo antigo, conhecido — e mística esperança e alegria por tudo aquilo que há de vir — estes são dois traços de caráter muito importantes da humanidade existida até agora.

63   < Visão de conjunto da *salinística.* >[1]

64   *Nos pensamentos interessa-nos seja o conteúdo — a nova, surpreendente, correta função, ou sua gênese — sua história, suas relações — sua múltipla colocação — sua múltipla aplicação — sua utilidade — suas diferentes *formações*[2] — Assim um pensamento muito trivial pode ser elaborado muito interessantemente. Um empreendimento muito extenso *dessa* espécie pode ser muito interessante — não obstante o resultado ser uma mesquinharia — aqui é o método — a marcha — o processo que é o interessante e agradável. Quanto mais maduro se é — tanto mais se encontrará interesse em produções desta última espécie. O novo interessa menos, porque se vê que do antigo se pode fazer tanto. Em suma perde-se o prazer pela multiplicidade, quanto mais se adquire sentido para a *infinitude* do individual — Aprende-se a fazer com um único instrumento aquilo para o qual outros necessitam de centenas — e interessa-se afinal mais pelo *executar* que pelo inventar.

65   < Sobre *exercício.*>

66   *Uma questão indeterminada/ questão, para a qual várias respostas são possíveis/ é um *problema*[3]/ Um problema determinado — que só admite uma única *solução* ou *resposta*, é uma questão. No entanto é também um *problema*, aquele no qual a *resposta* já *está contida* — por isso enigmas, charadas, logogrifos são — *problemas*.

Transformação[4] de um pensamento — de uma anedota em um problema. Questão e resposta são *dogmáticos*. Problema e solução — *filosóficos*. /Dogma — doutrina — Filosofema — *estímulo específico*./

São por isso os alimentos etc., no sentido mais rigoroso, *estímulos* — ou são antes *dogmas — dados*?

Não tem de ser todo filosofema um problema? Não é um problema, por sua natureza, *necessitante*? Tenho de me ocupar com solucioná-lo — entende-se, *problemas* tais — cujo perfeito entendimento envolve também sua solução — e tais problema[s] se chamam filosofemas. Filosofemas têm de, quando os ouço, não me deixar nenhum repouso — até que os *percebi*, os entendi[5] completamente — Têm de penetrar em mim e com isso necessitar-me, a penetrar neles.

67   Estudar tudo segundo *um plano*.

68   Talvez tenha eu de agradecer minhas ideias felizes à circunstância — de que não recebo uma impressão perfeitamente articulada e completamente *determinada* — mas interpenetrando-se em um único ponto — indeterminada — e absolutamente apta.

69   O belo é o visível *kat exoxin*.

70   < Teoria da articulação — da harmonia das funções e da desarmonia delas (da doença). Impulsos promotores de harmonia.[6]>

71   < Nosso corpo deve tornar-se arbitrário, nossa alma orgânica. >

72   *Para a ideia, o projeto e o plano procura-se a execução, para a execução o plano.

Todas as ideias são aparentadas. O *air de famille*[7] é chamado analogia. Através da comparação de várias crianças poder-se-ia adivinhar os indivíduos--pais. Toda família nasce de dois princípios, que são um único — através de, e contra sua natureza ao mesmo tempo. Toda família é uma disposição para uma humanidade individual infinita.

73   *Assim como nada pode ser livre, assim também nada pode ser coagido, a não ser o espírito. Somente um espírito pode ser coagido a. O que portanto se deixa coagir, é espírito — na medida em que se deixa coagir.

74   *Para o mundo procuramos o *projeto* — esse projeto somos nós mesmos. O que somos? *pontos onipotentes* personificados. A execução, enquanto imagem do projeto, tem porém de lhe ser igual na livre-atividade e autorreferência — e inversamente. A vida ou o ser do espírito consiste portanto em engendramento parturição e educação de seu semelhante. Somente na medida em que o ser humano efetua portanto um casamento feliz consigo mesmo — e constitui uma bela família, está ele em geral apto ao casamento e à família. Ato do autoamplexo.

É preciso nunca confessar, a si, que se ama a si mesmo — O segredo dessa confissão é o princípio de vida do unicamente verdadeiro e eterno amor. O primeiro beijo nesse sentido é o princípio da filosofia[8] — a origem de um novo mundo — o começo da absoluta contagem do tempo — o cumprimento[9] de uma auto-aliança infinitamente crescente.

A quem não agradaria uma filosofia, cujo germe é um primeiro beijo?

Amor populariza[10] a personalidade — torna individualidades *comunicáveis* e *inteligíveis*. (Entendimento de amor.)

75   < *Processos* matemáticos — cálculo do infinito. >

76   Um triângulo *encerra* uma *superfície*. Uma *pirâmide* trilateral um corpo. Assim é a forma *construída* — como a *matéria*? Não é também uma *tríade*[?] Contrapartida para a *trigonometria*.

77   Somente o espírito vê, ouve — e sente — Enquanto o olho, o ouvido e a *pele*!!! ainda estiverem *afetados* pelos *meios* de seus objetos — os incitamentos — enquanto ainda não *conduzirem* puramente — *para fora* e para dentro — o espírito ainda não vê e ouve e sente convenientemente. Somente quando a suscitação tiver passado — e o órgão se tiver tornado perfeito condutor — etc.

78   Quão poucos homens se educaram para tão-somente uma múltipla — nem digo total, atenção a tudo o que se passa em torno e dentro deles, em cada instante. Observação de Bonnet[11] — atenção é mãe do *gênio*.

79   Ficar-se-ia satisfeito com muitos seres humanos, se não se esquecesse totalmente a consideração sobre os opostos. Tudo o que estes seres humanos *poderiam* não ser — ou quão piores — e menores poderiam tão facilmente ser.

80   O que falta a alguém, quando se tem pais honrados, justos, amigos dignos de respeito e de amor, conhecidos ricos de espírito e múltiplos, uma reputação irrepreensível, uma figura agradável, modo de vida convencional, um corpo quase sempre sadio, ocupações adequadas, aptidões agradáveis e úteis, uma alma serena, um comportamento moderado, múltiplas belezas da natureza e da arte ao redor de si, uma consciência satisfeita em seu todo — e seja o amor, o mundo e a vida em família ainda diante de si — ou o amor a seu lado, o mundo atrás de si e uma família bem-lograda ao redor de si — eu pensaria, ali nada, senão ânimo industrioso e paciente confiança — aqui nada — senão crença e uma morte gentil.

81   *Eu desejaria que meus leitores lessem a observação de que o começo da filosofia é um primeiro beijo em um instante em que ouvissem a composição de Mozart: Quando o amor em teus olhos azuis[12] — executada com bastante alma — quando não estivessem mesmo na proximidade cheia de pressentimento de um primeiro beijo.
        Sobre o acompanhamento musical das diversas meditações, diálogos e leituras.

82   Se a teoria devesse esperar pela experiência, nunca se estabeleceria.

83   Eu = n[ão-]e[u] — proposição suprema de toda *ciência* e *arte*.

84   Todo sentimento agradável é *fricção* — todo sentimento agradável estimula a *alma* à coatuação positiva.

85   Sobre o princípio negativo do Estado/ segurança/ e o princípio positivo do Estado/ amplificação ou segurança no sentido superior/. Ambos engrenam um no outro.
        Polícia — e *política*.

86   Sobre a elaboração kantiana e antefichtiana da filosofia em geral — a divisão das faculdades da mente, seu princípio centrante, a razão — unificação das forças mentais e naturais — unificação das mônadas centrais delas — mônada central suprema.

87   Pensadores *educentes* e *producentes*.

88   Aqui é América ou *Lugar-nenhum*.[13] suplementos e corolários *filosóficos* a este texto.

89   < Poema epicamente didático — Empédocles e Lucrécio. >

90   Chiste sobre Kant e seus adeptos.[14]

91   Não se deixa também a fil[osofia] fichtiana aprender? vid. Forberg.[15] D[outrina-da-]c[iência] = sistemática.

92   *< Fragmentos sáficos. >*[16]

93   Signo da antítese $\pm$ $\mp$

94   Fazer companhia a si mesmo.[17]

95   < Há uma bela *matemática*! / Matemática mística, matemática musical. Tem a m[atemática] meramente um fim finito? Não é puramente teórica? Verdadeira matemática pura? Grandezas são construídas através de grandezas. >

96   < Nervos — cérebro. / Filosofia retórica. / Protocolo sobre meus estudos. Fragmentos sobre os fragmentos. / *Livros em forma de receita*. / Mineração lucrativa — mineração científica, geognóstica — Pode haver também uma bela mineração? > / Se todos os Estados desempenhassem excelentemente a economia — como seria com aqueles que não estivessem na posse de certos carecimentos indispensáveis, p. ex. metais, ou não fossem favorecidos de outro modo? *Povoamento — suprema atividade*. / Sobre o talento para aprender, dar ouvidos, considerar, em suma reproduzir, sem contribuição própria! / *Glória de melodias, como anjos ao redor da madona. /

Eu sou tu. / < Distinção entre análise e álgebra. > / *O entendimento *puro* de Goethe na exposição. Nenhuma *fantasia/* entende-se — como diretriz — pois ela é propriamente a matéria do entendimento/ < conceito de um utensílio — de um utensílio auto-ativo >/ Aniquilamento dos carecimentos inferiores. Apenas por carecimentos sou delimitado — ou delimitável. É preciso considerar um carecimento inferior, e tudo aquilo, ao qual não se quer permitir nenhuma influência sobre si, absolutamente, como não existente para mim, como *nonexistent*[18] — Através disso suprimo toda comunidade com ele. / < Sobre imitação mímica — expressão pictural. vid. a prosa de Goethe — começo. Expressão dotada de *entendimento*. Sua arte de descrever, de mostrar. Simples discernimento e composição das coisas com palavras. > /

97   < Calor interno depende da densidade do corpo. > / Ou o meio da percepção tem de ser movido pelo objeto — som — ou o meio tem de mover-se e apenas ser afetado pelo objeto em repouso — luz. / *Dever-se-ia, para conhecer a vida e a si mesmo, sempre escrever ao lado um romance.

    < /grotesco.   epos e romance   História filosófica. /

    (fantasia)   (entendimento)   (razão). >

98   *Caráter veemente, expressão tranquila.*/ Quanto mais alto estamos, tanto mais *agrada-nos tudo* — compraz-nos toda *ação* — Fazemos então *tudo* com contentamento — suprema tranquilidade e carecimento — ausência de relações — constante prontidão da vontade para entrar em toda relação — e dispor-se[19] de acordo. / < *elegias de vida.* > / Adjetivos são substantivos poéticos. / < Poesia externa, e interna. > *Poesia* no *todo* — Poesia no individual, p. ex. *ad* 1 *Hermann e Dorothea* — p. ex. *ad* 2. *Louise*.[20] Aquele talvez poesia *romântica*, este poesia descritiva.

    poesia romanticamente didática.

99   *Distinção entre *poetar* e fazer um poema. O *entendimento* é a somatória dos talentos. A razão põe, a fantasia *projeta* — o entendimento executa. Inversamente, onde a fantasia *executa* — e o entendimento projeta.

    poesia romântica e retórica.

100   < O homem é flogístico — um *processo* preponderante de adensamento — a mulher deflogística — um processo preponderante de rarefação.[21]>

101   < O olho é o órgão da fala do sentimento. Objetos visíveis são as expressões dos sentimentos. >

102   O espírito galvaniza a alma[22] por intermédio dos sentidos mais grosseiros. Sua autoatividade é *galvanismo* — autocontato *en trois*.[23]

103   *O sentido da socrácia[24] é que a filosofia está *por toda parte* ou em lugar nenhum — e que com leve fadiga é possível orientar-se pelo primeiro, pelo melhor em toda parte e encontrar aquilo que se procura. Socrácia é a arte de — a partir de qualquer lugar dado encontrar a localização da verdade e assim determinar com exatidão as relações do dado com a verdade.

104   Outrora era tudo aparição de espíritos. Agora não vemos nada, senão morta repetição, que não entendemos. A significação do hieróglifo falta. Vivemos ainda do fruto de tempos melhores.

105   O mundo precisa ser romantizado. Assim reencontra-se o sentido orig[inário].[25] Romantizar nada é, senão uma potenciação qualit[ativa]. O si-mesmo inferior é identificado com um si-mesmo melhor nessa operação. Assim como nós mesmos somos uma tal série potencial qualit[ativa]. Essa operação é ainda totalmente desconhecida. Na medida em que dou ao comum um sentido elevado, ao costumeiro um aspecto misterioso, ao conhecido a dignidade do desconhecido, ao finito um brilho infinito, eu o romantizo — Inversa é a operação para o superior, desconhecido, místico, infinito — através dessa conexão este é logaritmizado — Adquire uma expressão corriqueira, filosofia romântica. *Língua romana*.[26] Elevação e rebaixamento recíprocos.

106   Passa-se com o amor o mesmo que com a convicção — quantos acreditam estar convictos, e não o estão. Somente do *verdadeiro* se pode estar verdadeiramente convicto — somente o amor se pode verdadeiramente amar.

107   O melhor no sistema browniano[27] é a espantosa confiança com que Brown estabelece seu sistema como universalmente válido — Tem de ser assim e deve ser assim — a experiência e a natureza podem dizer o que quiserem. Nisto consiste no entanto o essencial de todo sistema, sua força efetivamente válida. O sistema browniano torna-se com isso genuíno sistema para os brownistas. Contra ele não é possível objetar mais nada com fundamento. Quanto maior o mago, mais arbitrários seu procedimento, sua sentença, seu meio. Cada um faz prodígios segundo *seu próprio modo*.

108   Ao comparar, igualar, é bem possível reduzir todo conhecer, saber etc.

109   Em todos os verdadeiros exaltados e místicos atuaram sem dúvida[28] forças superiores — daí nasceram, é certo, curiosas mesclas e configurações. Quanto mais rude e colorida a matéria, quanto mais desprovido de gosto, quanto mais inculto e contingente era o homem, mais estranhos seus rebentos. Poderia ser em grande parte fadiga desperdiçada — limpar, elucidar e esclarecer essa grotesca (extravagante)[29] massa — pelo menos agora ainda não chegou o tempo em que tais trabalhos[30] se pudessem executar com leve fadiga. Isto permanece reservado aos futuros historiadores da *magia*.[31] Como documentos muito importantes do gradual desenvolvimento da força mágica eles são dignos de cuidadosa conservação e coleta.

Magia é = arte, de usar arbitratiamente o mundo sensível.

110   Eu é escolha e realização da esfera de liberdade individual, ou autoatividade. Fichte se pôs em obra, como Brown — só que ainda mais universal e absolutamente.

111   Temos dois sistemas de sentidos, que por mais diversos que apareçam, estão no entanto enredados da maneira mais íntima um com o outro. Um sistema chama-se o corpo, um, a alma. Aquele está na dependência de estímulos externos, cuja somatória nós chamamos de natureza ou mundo exterior. Este está originariamente na dependência de uma somatória de estímulos internos, que chamamos de espírito, ou mundo dos espíritos. De costume este último sistema fica em um nexo associativo com o outro sistema — e é afetado por este. Contudo são encontráveis frequentes traços de uma relação inversa, e observa-se logo, que ambos os sistemas deveriam propriamente ficar numa perfeita relação recíproca, na qual, cada um afetado por seu mundo, formariam uma consonância, não uma monotonia. Em suma ambos os mundos, assim como ambos os sistemas, devem formar uma livre harmonia, não uma desarmonia ou monotonia. A transição da monotonia para a harmonia passará sem dúvida através da desarmonia — e somente no final nasceria uma harmonia. No período da magia o corpo serve à alma, ou ao mundo dos espíritos. / *Loucura — exaltação.* /

Loucura em comum deixa de ser loucura e se torna magia. Loucura segundo regras e com plena consciência.

Todas as artes e ciências repousam sobre harmonias parciais.

/ Poetas, loucos, santos, profetas. /

112   Faculdade, aptidão de produzir sensações ao bel-prazer. (Crença é um tal arbítrio, de produzir sensação[,] vinculada com a consciência da absoluta realidade do que é sentido.)

Fôssemos cegos, surdos e desprovidos de tato, nossa alma em compensação perfeitamente *aberta*, nosso espírito o mundo exterior de agora, então o mundo interior estaria conosco na mesma relação, como está agora o mundo exterior, e quem sabe se teríamos percepção de uma distinção — se poderíamos comparar ambos os estados. *Pressentiríamos*[32] tanta coisa, para a qual nos faltaria apenas o sentido, p. ex. luz, som etc. Poderíamos produzir apenas modificações — que fossem semelhantes a pensamentos, e sentiríamos um empenho a proporcionar-nos aqueles sentidos que agora chamamos de sentidos exteriores. Quem sabe se não poderíamos finalmente, através de múltiplos empenhos, produzir olhos, ouvidos etc., porque então nosso corpo estaria tão em nosso poder, constituiria tanto uma parte de nosso mundo interior[33], quanto agora nossa alma. Nosso corpo não poderia, do mesmo modo, ser tão absolutamente desprovido de sentido, tão pouco, quanto nossa alma agora. Quem sabe se só pareceria desprovido de sentido nessa medida, porque constituiria uma parte de nosso si-mesmo e porque aquela *autocisão* interna, somente através da qual o corpo se tornaria vidente, audiente e táctil para nossa consciência — sem prejuízo do avanço e da influência de nosso restante mundo — aquela operação, através da qual nós de múltiplos modos nos *autoperceberíamos*, seria muito difícil. Aqui nasceriam também um eu abs[oluto], um prático e um empírico.[34]

Isto continuado ainda mais adiante. Naquele estado pareceríamos desprovidos de sentido, já porque a alma seria a potência[35] preponderante, atraindo a si toda atenção em suscitabilidade[36] — assim como já agora nós frequentemente não vemos, ouvimos, sentimos, quando nossa alma está vividamente ocupada — e atraiu nossa atenção unicamente para si, e assim vice-versa.

Arbítrio e acaso são os elementos da harmonia. Mundo *arbitrário* e mundo *contingente*. Em ambos os estados a mesma relação.

Mundo de prodígios e mundo natural.

Reino dos espíritos e mundo efetivo.

Livre alternância desses dois estados. Arbítrio e acaso um só. Prodígio e efeito conforme as leis.[37] Natureza e espírito = Deus.

113   Dois indivíduos em ambos os estados um só.

114   É uma forte prova, de quão longe já estamos, o pensarmos tão desdenhosamente sobre nossos progressos, sobre nosso grau.

115   Entenderemos o mundo, quando entendermos a nós mesmos, porque nós e ele somos *metades* integrantes.[38] Filhos de Deus, germes divinos somos nós. Um dia seremos, o que nosso pai é.

116   Com o povo, é como com as mulheres. Ele tem paixão por tudo o que atrai a si sua atenção. Procura nesse objeto tudo, pois através dele sente seu ser infinito em obscuro pressentimento. Quanto mais fraco o ser humano, tanto mais poderoso, rico de pressentimento e aprazível lhe parece um estado passional. Basta-lhe ser despertado e tocado — o que o desperta e toca lhe é indiferente — ainda não é culto o bastante para acertar uma escolha qualquer e ordenar e distinguir os objetos suscitantes, ou mesmo para denegar a muitos deles sua atenção e interesse.

117   Os *Herrnhuter*[39] aniquilam sua razão. Os sentimentais seu entendimento — as pessoas de entendimento seu coração. Nenhum ato é mais costumeiro para nós — que o ato de aniquilação.[40] Igualmente costumeiro é o *ato de posição*. Pomos e admitimos algo arbitrariamente assim, porque o queremos — Não por obstinação consciente, pois aqui é efetivamente fixado algo em consideração à nossa vontade, mas por obstinação *instintiva*, que igualmente, por estranho que pareça, tem seu fundamento na *preguiça*. É um procedimento cômodo ao extremo dispensar-se de toda fadiga da investigação e dar um fim a toda disputa e conflito interno e externo. É uma espécie de feitiçaria, através da qual ordenamos o mundo em torno segundo nossa comodidade e humor.

Ambas as ações são aparentadas e na maioria das vezes encontradas juntas. Nasce porém através disso puramente dissonância e o ser humano, que costuma proceder desse modo, encontra-se no estado da mais ou menos cultivada selvageria.[41]

Há vários modos de se tornar independente do mundo dos sentidos unificado.[42]

1. por embotamento dos sentidos. (Acostumamento, esgotamento, endurecimento etc.)
2. por aplicação, moderação e variação dos estímulos sensoriais a serviço de fins. /arte de curar./

3. por máximas a.) do desprezo e b.) da hostilidade contra todas as sensações.[43] A máxima do desprezo por sensações externas era própria dos estoicos e é em parte dos selvagens da América.

A do desprezo pelas sensações internas, da assim ch[amada][44] gente de entendimento no grande mundo e fora dele.

A máxima da hostilidade contra sensações externas e internas foi estabelecida pelos anacoretas, faquires, monges, expiadores e penitentes rigorosos[45] de todos os tempos e frequentemente e em parte seguida. Muitos dos assim ch[amados][46] malvados podem ter tido essas máximas pelo menos obscuramente. Ambas as máximas entremesclam-se facilmente, e se misturam.

4. em parte por seleção[47] de certos sentidos e certos estímulos, que por exercício e máximas adquirem uma influência constante, preponderante.

Assim desvencilhamo-nos mediante o corpo da alma e vice-versa, mediante este ou aquele objeto externo ou interno da influência de todos os demais objetos. Isso requer paixão de toda espécie, fé e confiança em nós mesmos, em outras pessoas e coisas, em espíritos etc. Preconceitos e opiniões promovem igualmente uma tal liberdade parcial.[48] Assim pode também nascer uma independência do mundo sensível efetivo, na medida em que, seja alguém se habitou ao *mundo dos signos* ou mesmo ao mundo representado,[49] ou o fixou para si, no lugar daquele, como o único estimulante. O primeiro costuma ser o caso com doutos e outros muito frequentemente ainda — e repousa, segundo o que foi dito acima, sobre o, de costume preguiçoso, comprazer-se do ser humano com o arbitrário, e o feito por ele e o estabelecido. Inversamente encontra-se gente, que não quer saber do mundo de representação e de signos; são os seres humanos rudemente sensíveis, que anulam para si toda independência dessa espécie, e cujo preguiçoso, desajeitado, servil sentimento foi nos tempos modernos também parcialmente erigido em sistema — (Rousseau, Helvétius, mesmo Locke etc.)[50] um sistema, cujo princípio em parte[51] se tornou moda bastante universal.

118   Sobre o conhecimento *insensível* ou *imediato*. Todo sentido é *representativo — simbólico —* um meio. Toda percepção dos sentidos é de segunda mão. Quanto mais peculiar, mais abstrata poderíamos dizer, é a representação, designação, reprodução, quanto mais dessemelhante ao objeto, ao estímulo, tanto mais independente, autônomo é o sentido — Se não precisasse nem sequer de uma ocasião externa, deixaria de ser um sentido, e

seria um ser correspondente. Como tal, poderiam suas configurações ser por vezes mais ou menos semelhantes e correspondentes a configurações[52] de outros seres — Fossem suas configurações e a sequência delas perfeitamente iguais e semelhantes às sequências de figuras de um outro ser — haveria a mais pura consonância entre ambos. < Não se poderia distingui-los de dois outros. >

Sentido é um utensílio — um meio. Um sentido absoluto seria meio e fim ao mesmo tempo. Assim é cada coisa o *meio mesmo* para conhecê-la — para experimentá-la, ou atuar sobre ela.[53] Para portanto sentir e conhecer completamente uma coisa, eu teria de fazer dela meu sentido e meu objeto ao mesmo tempo — eu teria de *vivificá-la* — Fazer dela sentido abs[oluto], na significação anterior.

Se porém eu não *pudesse* ou *quisesse* completamente isso, então eu teria de fazer para mim de uma parte dela — e aliás de uma parte individual, totalmente peculiar a ela — de um membro, sentido. O que nasceria aqui? Eu obteria um conhecimento e experiência ao mesmo tempo mediato e imediato — representativo e não representativo, perfeito e imperfeito — próprio e não próprio, em suma antiteticamente sintético da coisa. O membro, ou o sentido, seria ao mesmo tempo membro e não-membro, porque através de minha vivificação eu o teria de certo modo isolado do todo.

Se chamo a coisa toda mundo, então eu teria um membro integrante do mundo em mim, e o restante fora de mim. Eu me apareceria, do ponto de vista teórico, a respeito desse sentido, como dependente e sob a influência do mundo.

Eu me veria além disso, *no tocante a esse sentido*, necessitado à uma cooperação, como membro do mundo — pois senão alcançaria meu propósito de vivificação apenas incompletamente. Encontraria meu sentido, ou corpo, determinado em parte por si mesmo, em parte pela ideia do todo — por seu espírito — a alma cósmica,[54] e aliás ambos inseparavelmente unificados — de tal modo que não se poderia dizer a rigor nem um nem o outro exclusivamente. Meu corpo não me apareceria como especificamente distinto do todo — mas apenas como uma variação dele. Meu conhecimento do todo teria portanto o caráter da analogia — esta porém se referiria da maneira mais íntima e imediata ao conhecimento direto e *absoluto* do membro. Ambos juntos constituiriam juntos um conhecimento antiteticamente sintético.[55] Ele seria imediato, e mediante o imediato mediato, real e simbólico ao mesmo tempo. Toda analogia é simbólica. — Encontro meu corpo determinado e eficaz por si e pela alma cósmica ao mesmo tempo. Meu corpo é um pequeno todo e tem portanto também uma alma particular; pois chamo alma aqui, aquilo pelo qual tudo se torna um único todo, o princípio individual. — Quanto à vivificação do membro particular, encontro-me desse ponto de vista determinado meramente por mim mesmo, e aliás mediatamente pela vivificação universal. Quanto à vivificação mesma, porém, ela não é nada outro, senão uma apropriação, uma identificação. Só posso experimentar algo, na medida em que o acolho em mim; é portanto uma alienação de mim mesmo e uma apropriação ou metamorfose de uma outra substância na minha ao mesmo tempo: o novo produto é distinto de ambos os fatores, é mesclado de ambos. Percebo agora cada modificação da substância apropriada como a minha e uma alheia ao mesmo tempo; como a minha, na medida em que em geral a percebo; como uma alheia, na medida em que a percebo assim ou assim determinada. A cada ação naquela corresponde uma simultânea ação em mim,[56] a ação do perceber. A cada qualidade ali corresponde uma qualidade-de-conhecimento percipiente em mim. Distingo tantas faculdades-de-conh[ecimento][57] em mim — quanto há forças atuantes ali. Aqui nascem justamente as singulares contradições em nós sobre nós mesmos. Sem essa animização não faríamos tais distinções em nós. Elas nascem somente essas forças[58] em e mediante essa animização.

Eu mesmo me sei, como eu me quero, e quero-me, como eu me sei — porque eu *quero* minha *vontade* — porque eu quero abs[solutamente]. Em mim estão portanto saber e querer perfeitamente unificados.

Ao querer ainda particularmente perceber — minha vontade, meu ato — noto que também posso ter uma vontade — fazer algo — sem que por isso saiba — além disso, que posso saber e sei algo, *sem que* o tenha querido.

119 */resolução — solução/*[59] Distinção entre membro — parte — elemento. Parte é distinta do todo apenas quantitativamente. Elemento é um mero acidente — está portanto em *relação com o* todo. Membro é uma variação do todo — consiste nos mesmos elementos — que apenas estão ordenados nele de um modo distinto e determinado p[elas] leis do todo./

120 Todo utensílio é veículo de uma exteriorização — causalidade, eficácia[60] — alheia. Modifica e é modificado. A execução é um produto da qualidade individual do utensílio e da gestão. Ambas podem ser mutáveis — assim torna-se também o produto mutável. No entanto poderia introduzir-se o caso, de que sejam polarmente mutáveis — e então é o produto *constante* e unitário.

A *figura* (natureza)[61] do *utensílio* é como que *um dos elementos* do produto./ Assim é o ponto um *elemento* da linha, a linha um elemento da superfície — a superfície um elemento do corpo. A partir deste exemplo fica claro, ao que me parece, o conceito de elemento muito perceptivelmente.

Não posso ser eficaz com um utensílio de nenhum outro modo — a não ser aquele que lhe determinam suas relações naturais. Só posso com um cinzel golpear, raspar, cortar ou explodir, na medida em que ele é *ferro* afiado usá-lo eletricamente como *excitator* galv[ânico].[62] Nos dois últimos casos ele não atua mais como cinzel. Sinto-me portanto limitado por um determinado utensílio a uma espécie particular de eficácia — essa esfera particular eu posso sem dúvida variar infinitamente — posso golpear, explodir etc. tanta coisa, modificar tão frequentemente o efeito — por mudança da matéria — por variação dos elementos da efetuação — os resultados podem ser infinitamente distintos — o resultado pode ser a cisão de uma pedra — um orifício para pólvora — uma estátua etc.

Cada utensílio modifica, portanto, por um lado, as forças e pensamentos do artista, que ele conduz à matéria, e inversamente — os efeitos de resistência da matéria, que ele conduz ao artista.

Série de utensílios. Cadeia de sentidos — que *suplementam* e *fortalecem* um ao outro./ Efeitos diretos e indiretos — p. ex. ef[eito] dir[eto] é o ef[eito] de uma roda de água sobre o carril — em contrapartida o escoar-se dos vapores e da água — quando a roda de água preme a válvula, é apenas um efeito indireto.

São os fenômenos do galvanismo efeitos diretos (necessários) ou indiretos (contingentes) da oclusão e separação das cadeias? Indiretos. São os efeitos do mundo exterior sobre nossa alma etc. efeitos diretos ou indiretos? Indiretos[.]

121 Quem pudesse com um cinzel pintar, fazer música etc, em suma fazer magia — não precisaria do cinzel — o cinzel seria uma excedência — De resto, também uma varinha mágica poderia ser um utensílio indireto.

122 Através da crença arma-se ou fortifica-se sua força, sua excitabilidade. /Seria exc[itabilidade] nada senão ação perdurante — *força* tensionada — permanente — autoconservante? / O fenômeno da excitabilidade é a *cãibra.*/

123 Toda exteriorização de f[orça] é instantânea — velozmente transitória. Fo[rça] permanente é matéria. Toda força aparece apenas de *passagem.*[63]

124 Na medida em que uma coisa está aí para mim — eu sou seu fim — ela se refere a mim — Está aí em vista de mim. Minha vontade me determina

— portanto determina também minha propriedade. O mundo deve ser, como eu quero. Originariamente o mundo é, como eu quero — se portanto não o encontro assim, tenho de procurar o erro desse produto em ambos os fatores — ou em um deles. Ou o mundo é um mundo degenerado — ou minha vontade contradicente não é minha verdadeira vontade — ou as duas coisas ao mesmo tempo são indistintamente verdadeiras ao mesmo tempo. Eu degenerado — mundo degenerado. *Restabelecimento.*

125   O mundo tem uma originária aptidão a ser vivificado por mim — Está *a priori* vivificado por mim — É uno comigo. Tenho uma orig[inária] tendência e aptidão a vivificar o mundo — Ora, não posso porém entrar em relação com nada — que não se dirija segundo minha vontade, ou lhe seja conforme — Consequentemente o mundo tem de ter a disposição orig[inária] de dirigir-se segundo a mim — de ser conforme a minha vontade.

Minha eficácia *espiritual* — minha realização de ideias — não poderá portanto ser uma *decomposição* e transcriação do mundo — pelo menos não na medida em que sou *membro* deste mundo determinado, mas só poderá ser uma *operação de variação* — Eu poderei, sem prejuízo do mundo e de suas leis — por intermédio delas — ordená-lo, arranjá-lo e formá-lo para mim. Essa formação superior não conflua com a inferior — Segue, sem prejuízo desta, seu caminho — e utiliza o mundo, que justamente por isso é mundo, porque não se determina completa e *Totalmente* — e portanto permanece ainda variadamente determinável por outras vias — o que não é o caso com um indivíduo racional perfeito[64] — para os fins que aprouverem.

Ao mundo pertence portanto tudo o que não se determina abs[oluta] e completamente — o que ainda pode servir a um outro ser para múltiplas funções — sem que saiba disso — e através disso seja estorvado e alterado no essencial.

Um ser racional perfeito não pode nem sequer ser pensado — sem saber desse pensamento e codeterminá-lo. (Deus etc.)

(Um corpo orgânico considerado em sua comunidade interna — e em seu princípio — todos por um, e um por todos — não pertence totalmente *ao mundo* — é um produto mesclado.)

126   Alma e corpo atuam galvanicamente um sobre o outro — pelo menos de uma maneira análoga — cujas leis porém estão numa região superior.

127 < Toda doença nasce através de sensações contraditórias simultâneas.[65] /Acúmulos da excitabilidade — mesmo em inc[andescimentos] estênicos — A sangria difunde excit[abilidade] superior por toda parte e através disso ajuda. Várias sangrias em diversos lugares ao mesmo tempo. >

128 Sobre hipocondria e ciúme — dois fenômenos muito notáveis para o conhecimento da alma etc.

129 Matéria ou o *suscitável* — sua relação ao estímulo. Vinculação do estímulo externo e do interno. /O mundo é a *suma* do *passado*, e *desprendido* de nós —

130 Amor é um produto da estimulação mútua de dois indivíduos — por isso místico e universal, e infinitamente *cultivável*, como o próprio princípio individual.

Tudo o que (nos) suscita, o que — *atrai a (sobre) si* — (nossa) (atenção), suscitabilidade — com ele o suscitado procura se pôr em uma relação permanente — permanecer vinculado com ele, e como que identificá-lo consigo.

Aplicação univ[ersal] da teoria do calor.[66]

131 < Quanto *menor* é *a capacidade*, tanto mais veloz o efeito do estímulo — tanto mais sensível a matéria ou o *suscitável* — (tanto mais facilmente incandescível). Excitabilidade e capacidade estão em relação inversa.

Capacidade e suscitabilidade estão na mesma relação que oxigênio e flogisto. >[67]

132 Tudo o que é místico é pessoal — e consequentemente uma variação elementar do todo cósmico.

133 Toda convicção é independente da verdade natural — Refere-se à verdade mágica ou prodigiosa. Da verdade natural só é possível convencer-se — na medida em que ela se torna verdade prodigiosa. Toda demonstração se apoia sobre convicção, e é consequentemente apenas um recurso de necessidade no estado de deficiência de completa verdade prodigiosa. Todas as verdades naturais repousam portanto igualmente sobre verdade prodigiosa.[68]

134   O ato do saltar-por-sobre-si-mesmo[69] é por toda parte o mais alto — o ponto originário — a *gênese da vida*. Assim a chama nada é, senão um tal ato — Assim começa toda filosofia ali onde o filosofante se filosofa a si mesmo — i. e. ao mesmo tempo se consome (determina, necessita) e se renova (não determina, deixa livre)[70] — A história desse processo é a filosofia. Assim toda moralidade vivente começa por eu agir, por virtude, contra a virtude — com isso começa a vida da virtude, através da qual, talvez,[71] a capacidade aumenta ao infinito, sem jamais perder um limite — i. é a condição da possibilidade de sua *vida*.

135   Toda vida é um hiperbólico processo de renovação, que só pelo lado da aparência tem um processo de aniquilamento. O precipitado da vida é um vivente — apto à vida — Como o *calor* se relaciona à *chama* — assim x à vida.

Um dos fatores é um vivente (suscitável)[72] — o outro vida (estímulo) (x é vida subalterna, que se encontra ainda sob o limite — ou melhor, efeito imperf[eito] da vida).[73] O produto é *vida*. Ambos os fatores[74] são relativos e mutáveis. — Daí surge uma *série* de *vida*. Vida em geral atua em tudo. Só que aquilo que não *alcança o limite* se chama — morto — natureza morta, x é a suscitação e o suscitante da natureza morta.

A capacid[ade] mat[éria] (oxigênio, *matéria orgânica*) é distinta — por isso há uma escala da vida.[75] Talvez tenha a planta uma vida simples, o animal uma dúplice, o ser humano uma tríplice etc.

136   O mais essencial da vida é o incessante, uniforme fluir de Z através de y. z dá no passar nova energia à capacidade — nova energia repulsiva contra o Z externo.

Z subjuga y + z — incandesce-o — meramente por supremacia de Z contra z — mas exatamente no instante do subjugamento no momento u[76] perde Z em y + z algo — algo passa dele para além — e assim dura a vida de y + z através de luta e vitória sempre renovada — continuada através do momento ou prolongado.

137   Todo desespero é determinístico — mas também o determinismo é um *elemento* do universo filosófico, ou sistema. O isolamento e a falsa crença na realidade dos elementos é a fonte da maioria, talvez da totalidade, dos erros cometidos até agora.[77]

II

138   *Todo ser humano que se singulariza, e costuma parecer afetado, é no entanto um ser humano, no qual se agita um princípio. Todo comportamento *inatural* é sintoma de uma máxima anexada. Autonomia tem de começar afetada. Toda moral começa afetada — Exige afetação. Todo começo é *inábil.*

139   Para dar uma direção que se queira a um diálogo, só é necessária a fixação do alvo. Assim nos aproximamos dele gradualmente — pois sua força de atração[78] desperta. Através dessa atenção a um pensamento heterogêneo, nascem frequentemente as mais chistosas transições, as mais engenhosas associações. Frequentemente se está lá, mais velozmente do que se pensa.

140   Simultaneidade de dois ou vários pensamentos na consciência — sequências.

141   Também a linguagem é um produto do impulso de form[ação] orgânico.[79] Assim como este forma por toda parte *o mesmo*, sob as mais diversas circunstâncias, assim forma-se também aqui através de civilização, através de crescente formação e vivificação, a linguagem como profunda expressão da ideia de organização, como *sistema de fil[osofia]*.

    A linguagem toda é um *postulado*. Ela é de origem positiva, livre.[80] Foi preciso fazer um acordo de, por ocasião de certos signos, pensar certas coisas, construir em si propositalmente algo determinado.

142   Quem por primeiro inventou contar até dois — viu sim, mesmo se para ele o continuar a contar era difícil ainda, a possibilidade de uma infinita contagem segundo as mesmas leis.

143   Abstração enfraquece — reflexão fortalece.

144   *Pelo demasiado frequente refletir[81] sobre si mesmo, torna-se o ser humano para si mesmo embotado e perde o sentido sadio para si mesmo.

145   Calor passional — frio passional.

146   *Autojulgamento segundo as ações efetivas — segundo a superfície — não segundo a teia interna. Quão bela não é a superfície do corpo, quão asqueroso seu interior.

147   A possibilidade da fil[osofia] repousa sobre a possibilidade de produzir pensamentos *segundo regras* — pensar verdadeiramente em comum. /Arte de sinfilosofar./ Se o pensar em comum é possível, então é possível uma vontade em comum, a realização de grandes, novas ideias.

---

148   Direitos do diálogo — /jogo absoluto./
        Verdadeira comunicação só ocorre entre seres que estejam em igualdade de convicções e de ideias.[82]

149   Quem traz consigo um caráter, muito dificilmente aprenderá a entender-se.

150   Mérito da passividade voluntária — ortodoxos místicos. Fichte escolhe o mérito oposto.

151   Só o incompleto pode ser concebido — pode levar-nos mais adiante. O completo é apenas fruído. Se queremos conceber a natureza, então temos de pô-la como incompleta, para assim chegar a um termo alternativo[83] desconhecido.
        /Toda *determinação* é *relativa*./

152   Pendor a frivolizar tudo.

153   Tornar-se humano é uma arte.

154   *O gracejo é um preservativo e confortativo — particularmente contra o miasma de estímulos femininos.[84]

155   *No grande mundo, por isso, é menos de se temer o derretimento, que o endurecimento. O gracejo frivoliza.

156   Duas maneiras de descrever seres humanos — a poética e a científica. Aquela dá apenas um único traço inteiramente individual — *ex ungue Leonem*. Esta deduz completamente.

157   A fantasia geognóstica ou de paisagem não é nem tocada no *Wilhelm Meister*. Só muito raramente Goethe faz a natureza coatuar. No começo da quarta parte uma vez. Na cena dos salteadores Goethe toca apenas de passagem a romântica colina silvestre.[85] O mundo exterior em geral, raramente — a maioria das vezes ainda na quarta parte.

158   *Toda recordação é presente. No elemento mais puro toda recordação nos aparecerá como necessário preâmbulo poético.

159   *Belos hogarthismos[86] poéticos, p. ex. o amor. As folhas de Hogarth são romances. As obras de Hogarth são chiste desenhado — Verdadeiras sátiras romanas[87] para o olho. Assim como uma genuína fantasia musical deveria ser sátira para o ouvido.
        *Hogarth é o *primeiro* poeta satírico — Shakespeare de seu gênero.

160   *O poema lírico é para heróis — ele faz heróis — O poema épico, para humanos. O herói é lírico — o ser humano, épico. O gênio, dramático. O homem, lír[ico]. A mulher, épica. O casal, dramático.

161   Símbolos são mistific[a]ções.

162   *O homem perfeito deveria ser uma bela sátira — apto a dar a cada coisa a forma que queira — a preencher e mover cada forma com a vida mais múltipla.

163   Realização da teoria. Sensibilização do pensamento — lei — pensamento sentido.[88]

164   Cada ser humano tem sua própria língua. Língua é expressão do espírito. Línguas individuais. Linguogenia.[89] Prontidão para traduzir para e de outras línguas. Riqueza e eufonia de cada língua. A expressão genuína faz a ideia

clara. Tão logo apenas se tem o nome certo, tem-se a ideia em seu poder. Expressão transparente, condutora.

165   Quem não é capaz de ser ativo premeditadamente, segundo um plano e com atenção, denuncia fraqueza. A alma através da decomposição torna-se fraca demais. Sem atenção para aquilo que faz ela consegue muito. Tão logo ela tem de dividir-se, resulta, com todo esforço, nada. Aqui ela precisa procurar em geral fortalecer-se. Frequentemente o desacostumamento é o culpado disso. O órgão da atenção é exercitado às custas do órgão ativo — formado de antemão, tornado excitável demais. Então ele atrai toda força a si e nasce essa desproporção.[90]

166   Tudo tem de tornar-se meio de vida. Arte de extrair vida de tudo. Vivificar tudo é a finalidade da vida. *Prazer é vida.* Desprazer é meio para o prazer — assim como a morte é meio para a vida.

Anastomose[91] do indivíduo discursivo.

A intuição é simétrica. A discursão, *variável*.

167   Cenas propriamente de espetáculo — só essas pertencem ao teatro./

Personagens *alegóricas* — a maioria só vê essas em torno de si. Crianças são esperanças — moças são desejos e súplicas.

Para o *rico de espírito* tudo é *uno* — para o rico de talento tudo é *único*. Homens definidores e infinidores.

Da crença depende o mundo.[92] *Crença* e *preconceito* é o mesmo. Assim como eu admito uma coisa, assim é ela para mim.

Ilusão da transubstanciação = ilusão fundamental.

Poesia *subjetiva* — poesia idiossincrática.

O primeiro homem é o primeiro visionário de espíritos — para ele tudo é espírito.[93]

168   Pode a letra apropriar o espírito e vice-versa?

169   Leis de associação. /O fil[ósofo] traduz o mundo efetivo no mundo dos pensamentos e vice-versa, para dar a ambos um *entendimento*.

Adestramento dos animais para trabalhos de campo e fábrica. /Cada cidade uma praça de comércio./

170   Todo meio genuíno é o *membro* essencial de um fim. Por isso imperecível e permanente, como este. Processo inverso — onde o meio se torna o principal e o resultado — acessório — belo processo./

171   O estímulo de fora é estímulo indireto — o estímulo de dentro *direto* — aquele pressupõe excitabilidade. Excitabilidade é *vida indeterminada* — *ação oscilante* — Estímulo indireto — supressão do equilíbrio — hete-rogeneização — direção determinada. A vida nasce, como a doença, de um *estancamento* — delimitação — *contato*.
        /*estancamento* —*preconceito* — *pré-sensação* — *inconsequência*./

172   O mais comum na *genuína eufonia* é digno de eterna consideração. Em línguas estrangeiras sente-se mais vividamente que cada fala deveria ser *uma composição*. Somos muito descurados no falar e escrever. A fala ideal faz parte da realização do mundo ideal.

173   Na int[uição] intelectual está a chave da vida.[94]

174   O homem — metáfora.

175   O mesmo indivíduo em variações — Natalie — a bela alma.[95]

176   O Dia do Juízo é a síntese da vida de agora e (da vida depois da morte) da morte.[96]

177   Somente um artista pode decifrar o sentido da vida.

178   Cada coisa tem seu tempo. Excesso de pressa.

179   As expectativas de Hemsterhuis quanto ao órgão moral são genuinamente *proféticas*.[97]

180   Estímulo — talvez inibição ou aligeiramento do *impulso*. Impulso — estímulo originário.

181   Juízo — decomposição.[98]

182   Está apenas na fraqueza de nossos órgãos, que não nos vemos em um mundo feérico.[99]

183   A atividade de um produto genuíno é sintética de ponta a ponta.

184   Sistema puro *a priori* — nascido sem a condição de um estímulo externo — A inteligência deve, sem e contra a faculdade orgânica — produzir tudo — genuíno mundo de pensamentos — consciência imediata do mundo todo.

Mas assim também com os sentidos — *mundo de imagens independente* — / beleza./ nascido e subsistente sem influência de pensamentos. / Interpenetração, encadeamento de ambos/

185   Imagem — não alegoria — não símbolo de algo alheio — *símbolo de si mesma*.[100]

186   A humanidade é como que o sentido superior de nosso planeta — o olho, que ele eleva ao encontro do céu — o nervo, que conecta este membro com o mundo de cima.[101]

187   A fil[osofia] não deve explicar a natureza, deve explicar a si mesma. Toda satisfação é autodissolução. O carecimento nasce através da duplicação — influência alheia — ferimento. Tem de novamente compensar a si mesmo. A autodissolução do impulso — essa autocombustão da ilusão — do problema ilusório é justamente o voluptuoso da satisfação do impulso. O que de outro é a vida[?] O desespero, o medo da morte é exatamente um dos mais interessantes enganos dessa espécie. Estenicamente, como na tragédia, começa — astenicamente termina, e exatamente através disso se torna um sentimento satisfatório — uma batida de pulso de nossa vida sensitiva.

Também pode começar ast[enicamente] e terminar est[enicamente]. É o mesmo. Uma tragédia, que deixa atrás de si muita melancolia, não começou estenicamente o bastante. Toda história *contém uma vida* — um problema que se soluciona a si mesmo. Assim é toda vida uma história.

Hamlet termina esplendidamente — aste[nicamente] começa — estenicamente termina. *Wilhelm Meister* termina com a *síntese* das antinomias[102] — porque foi escrito para e pelo entendimento.

Quem considera a vida de outro modo, que não como *uma ilusão que se aniquila a si mesma*, está ainda ele próprio embaraçado na vida.

A vida não deve ser um romance dado a nós, mas um romance feito por nós.[103]

188   Tudo é semente.

189   Toques de uma varinha mágica. / Fricção — efeito lateral./[104]

190   Quanto mais simplesmente o ser humano vive e é estimulado, tanto mais *ata-se* ele *a algo*. Não deveria isto ser uma lei universal da *coerência*?[105]

191   Sabe-se e faz-se interiormente propriamente sempre, o que se quer saber e fazer. Captar essa ação é apenas infinitamente difícil. Uma exata observação do primeiro momento da veleidade — que é como que *o germe*, irá convencer-nos de que aqui já está contido ali dentro tudo o que posteriormente apenas se desenvolve.[106]

192   D'Aubuisson[107] e sua explicação química do cálculo com letras. Esses signos não fluem, como os números, um para dentro do outro, mas veem-se ainda em cada composição os elementos, suas relações e o método da composição. *Ils s'associent, mais ils ne se confondent pas.*[108]

FRAGMENTOS OU TAREFAS DE PENSAMENTO

193   O primeiro homem é o primeiro visionário de espíritos. A ele tudo aparece como espírito. O que são crianças, senão primeiros homens? O fresco olhar da criança é mais transcendente que o pressentimento do mais resoluto dos visionários.[1]

194   A *siesta* do reino dos espíritos é o mundo das flores. Nas Índias os homens dormem ainda e seu sagrado sonho é um jardim, que cinge açúcar e lagos de leite.

195   Está apenas na fraqueza de nossos órgãos, e do autocontato, que não nos vejamos em um mundo feérico. Todos os contos de fadas são apenas sonhos daquele mundo pátrio, que está por toda parte e em lugar nenhum. As potências superiores em nós, que um dia, como gênios, cumprirão nossa vontade,[2] são agora musas, que nesta fadigosa trilha nos recreiam com doces recordações.[3]

196   Escultura, música e poesia relacionam-se como epos, lira e drama. São elementos inseparáveis, que em cada obra de arte livre estão juntos, e tão-somente, segundo o feitio dela, unificados em relações distintas.

197   O que é o ser humano? Um perfeito tropo do espírito. Toda genuína comunicação é portanto figurada[4] — e não são portanto as efusões amorosas genuínas comunicações?

198   Todos os seres humanos são variações de um único indivíduo completo, i. e. de um casal. Um acorde de variações é uma família — incluída aí toda sociedade intimamente vinculada. Se uma variação tão simples, como Natalie e a bela alma,[5] já suscita um tão profundo bem-estar, quão infinito tem de ser o bem-estar daquele que percebe o todo em sua poderosa sinfonia?

190   Um raio de luz refrata-se ainda em algo totalmente outro, que não cores. Pelo menos o raio de luz é suscetível de uma animização, onde então se refrata a alma em cores anímicas. A quem não ocorre o olhar da amada?[6]

191   Todo contato espiritual compara-se ao toque de uma varinha mágica.[7] Tudo pode tornar-se utensílio de magia. Para quem porém os efeitos de um tal contato parecem tão fabulosos, para quem os efeitos de uma fórmula mágica parecem tão prodigiosos — este que se lembre apenas do primeiro toque da mão de sua amada — de seu primeiro, significativo olhar, em que a varinha mágica é o raio de luz refratado — do primeiro beijo, da primeira palavra de amor — e pergunte-se se o sortilégio e feitiço desse momento não é também fabuloso e prodigioso, indissolúvel e eterno?[8]

201   A humanidade é o sentido superior de nosso planeta, o nervo, que conecta esse membro com o mundo de cima, o olho, que ele eleva ao encontro do céu.[9]

202   < O filósofo vive de problemas, como [o] ser humano de alimentos. Um pr[oblema] insolúvel é um alimento indigesto [...] meio de nutrição digestível, deve tudo [...] tornar-se —.[10] O que é o tempero nos alimentos, é o paradoxo nos problemas. Verdadeiramente solucionado é um problema, quando ele, como tal, é aniquilado — Assim também com os alimentos. O ganho em ambos os casos é a atividade, que por ambos é suscitada. Contudo há também problemas nutrientes, assim como alimentos nutrientes — cujos elementos se tornam um crescimento de minha inteligência.[11] Através do filosofar, na medida em que este é uma operação absoluta, minha inteligência porém, fora a incessante renovação, é também continuamente melhorada — o que com os alimentos, só ocorre até um certo ponto do tempo. Um melhoramento acelerado de nossa inteligência é tão preocupante, quanto um súbito revigoramento. O verdadeiro passo da saúde e da melhora é lento — mesmo se também aqui, segundo as diferentes constituições, há diferentes séries de velocidades. Tão pouco portanto se come, para adquirir matéria totalmente nova, alheia — tão pouco filosofa[-se] para encontrar verdades totalmente novas, alheias. Filosofa-se exatamente pelo mesmo motivo, por que se vive. Houvéssemos uma vez de chegar a — viver sem meios de nutrição, [então] também chegaremos ao ponto — de filosofar [sem] problemas dados, [se] é que alguns até já não estão nesse ponto. >[12]

203   Sabe[-se] e faz[-se] propriamente [apenas], o que se quer saber e fazer. A dificuldade é apenas encontrar isso. Uma exata observação do primeiro momento da veleidade ao aparecer, que é como que o germe, irá convencer-nos de que aqui já está contido ali dentro tudo o que posteriormente apenas se desenvolve e aclara.[13]

ANEDOTAS

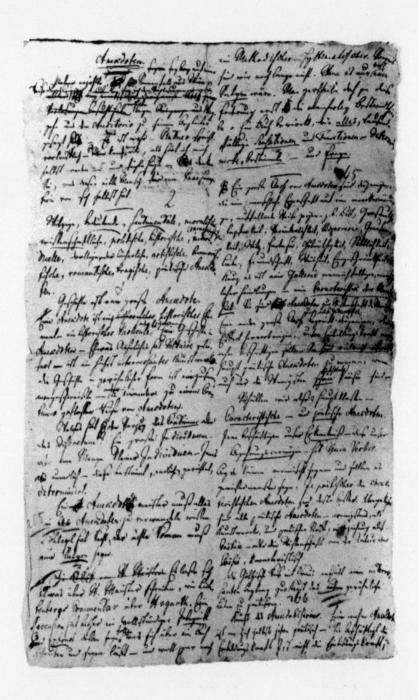

Anedotas: fragmentos 204 e 207. (Manuscrito Na, folha 2a)

204 Platner[1] contava que Sonnenfels[2] de Viena havia estado durante uma viagem por Leipzig presente a uma de suas preleções e ao retirar-se do auditório dito a seu acompanhante — Isso é verdade[3] — Platner fala excelentemente — Pareceu-me, como se eu ouvisse a mim mesmo falar — e acrescentava — Pensem vocês,[4] o quanto esse homem vaidoso tinha de presunção de si mesmo.

205 Anedotas chistosas, significativas, sentimentais, morais, *científicas,* políticas, históricas, individuais (características),[5] engraçadas, ou risíveis, artísticas, humorísticas, românticas, trágicas, poéticas.

A História é uma grande anedota.

*Uma anedota é um elemento histórico — uma molécula histórica ou epigrama.[6] Uma História em anedotas — Algo semelhante forneceu Voltaire — é uma obra de arte sumamente interessante. A História na forma costumeira é uma série de anedotas soldadas juntas — ou escoadas uma na outra em um *continuum.*

Qual tem a preferência[,] o *continuum* ou o discreto? Um grande indivíduo — ou uma multidão de pequenos indivíduos — Aquele infinito — este definido, finito, dirigido, determinado.

Um mestre em anedotas tem de saber transformar tudo em anedotas. Schlegel tem razão, o genuíno romance tem de ser uma *sátira.*[7]

*Poder-se-ia escrever sobre o *W[ilhem] Meister* algo,[8] como o comentário de Lichtenberg sobre Hogarth.[9] Uma resenha deveria ter sido até agora uma completa *somatória* e *extrato* daquilo, que se pode escrever e dizer sobre um livro — e ainda por cima metódica, sistemática. Até esse ponto ainda não chegamos. Se apenas fosse uma *sátira.* Divida-se antes essa exigência em suas múltiplas partes constitutivas — Um livro aciona, como *tudo,* mil variedades de *sensações* e *funções — Determinadas, definidas* — e *Livres.*

206 Uma grande classe de anedotas são aquelas que mostram uma propriedade humana de um modo notável, surpreendente — p. ex. astúcia, magnanimidade, coragem, versatilidade, bizarria, crueldade, chiste, fantasia, benevolência, eticidade, amor, amizade, sabedoria, limitação etc. Em suma, é uma galeria de ações múltiplas, humanas — uma *característica da humanidade*. São anedotas para a ciência do homem e portanto didáticas. Uma outra grande classe compreende aquelas, que devem produzir efeito, ocupar agradavelmente nossa imaginação. Devem talvez chamar-se em geral anedotas poéticas, mesmo se apenas pouquíssimas são poesia *bela* (absoluta)[10] —

Assim teríamos portanto duas classes principais — Anedotas *características* e *poéticas*. Aquelas ocupam nossa *faculdade de conhecimento* — estas nossa *faculdade de desejar*[11] — *sit venia verbis*.

Ambas podem ser mescladas — e deveriam sê-lo em certa medida. Quanto mais poéticas são as anedotas características, tanto melhor. Inversamente todas as anedotas poéticas — pelo menos, como obras de arte, e de matéria poética, em referência à poética — ou ciência da natureza da poesia, são características.

A viagem de Goethe com Kraus[12] contém uma interessante contribuição à arte de poetizar a vida costumeira.

Arte de anedotizar. Uma verdadeira anedota já é em si mesma poética — ocupa a imaginação. Não é a imaginação, o *órgão superior*, o órgão poético em geral[?] Só não é poesia pura, quando a imaginação é suscitada em vista do entendimento, da faculdade de conhecer.

A anedota chistosa[13] consiste na *suscitação* da atenção — tensão — e *incitação* ou *não-incitação*.[14] A esta última classe pertencem todas as anedotas *enganadoras,* /riso, cãibra — estímulo, inestímulo./ /*Sufocar* alguém/

*A narrativa contém frequentemente um acontecimento costumeiro, mas entretém — Ela mantém a imaginação no oscilar ou na alternância[15] — a põe num estado *artificialmente febril* e a deixa, quando está perfeita, com *renovado* bem-estar. /febre *constante, febre intermitente*.[16]/

207 *Toda poesia interrompe o estado costumeiro — a vida comum, quase, *como o sono*, para nos *renovar* — e assim manter nosso sentimento vital sempre *desperto*.

*Doenças, acidentes, acontecimentos estranhos, viagens, sociedades atuam em uma certa medida,[17] de um modo semelhante. Infelizmente a vida toda da humanidade até agora tem sido efeito de poesia irregular,[18] imperfeita.

*O que chamamos de crença na providência[19] nada é senão confiança em uma sabedoria poética perfeita e acabada nos destinos[20] de nossa vida.

*Pelo domínio da chave de afinação de nosso órgão superior iremos fazer de nós mesmos nosso fado poético — e poder poetizar, e fazer poetizar nossa vida ao bel-prazer.

Minhas anedotas devem ser anedotas Chistosas, humorísticas, Fantásticas, engraçadas, *filosóficas*, *Dramáticas* (poéticas).

*Um diálogo é propriamente uma anedota — quando é absolutamente[21] *breve*.

Anedotas características referem-se a um objeto interessante — têm apenas um interesse alheio — a anedota puramente poética refere-se a si mesma — Interessa em vista de si mesma.

Anedotas matemáticas do jogo de xadrez.[22] *Transformação de uma anedota em uma *tarefa indeterminada*.

DIÁLOGOS

1.

A. O novo catálogo da feira de Leipzig?[1]

B. Ainda molhado do prelo.

A. Que fardo de letras — que monstruoso tributo do tempo —

A. Pareces pertencer aos omaristas[2] — se é permitido nomear-vos pelo mais consequente dentre vós.

B. Não vais querer fazer o panegirista dessa febre de livros.

A. Panegirista por quê? — Mas alegro-me a sério com o aumento anual desse artigo de comércio — com o qual a exportação[3] só traz honra, mas a importação lucro líquido. Fato é que entre nós estão em circulação mais pensamentos verdadeiros, maciços, que entre nossos vizinhos tomados em conjunto. A descoberta dessas poderosas minas na Alemanha, que são mais que Potosi[4] e o Brasil[5] e que, na verdade, fazem e farão uma revolução maior que a descoberta da América, cai na metade deste século. Quanto já não crescemos desde então em extração científica, em aparelhamento e em esplêndida e utilizável elaboração. Recolhemos agora, por toda parte, os rudes bronzes e as belas formas — fundimos aqueles e sabemos imitar e superar estas. E tu queres que entulhemos tudo e voltemos à rude pobreza de nossos pais! Não é ao menos uma ocasião para a atividade? E toda atividade não é digna de louvor?

A. Assim não se pode objetar nada contra, mas vamos agora iluminar mais de perto a grande arte e o nobre metal.

B. Aos argumentos contra o todo a partir da fragilidade e das deficiências do individual eu não concedo validade. Algo assim quer ser considerado em seu todo.

A. Um todo formado de membros[6] míseros é ele mesmo um mísero ou, antes, nenhum todo. Sim, e mesmo se fosse um *progresso conforme a um plano*? se cada livro preenchesse em alguma parte uma lacuna — e assim cada feira fosse como que um membro sistemático na cadeia formativa? Assim seria cada feira um período necessário[7] e assim nasceria, afinal, de progressos conformes a um fim, um caminho perfeito e acabado para a formação ideal — Um tal catálogo sistemático — quão menor em volume e quão maior, em peso?

B. Contigo e com muitos é como com os judeus. Esperam eternamente pelo Messias, e este já está aí há muito tempo. Acreditas então que o destino humano ou, se quiseres, a natureza da humanidade tem necessidade de frequentar primeiro nossos auditórios, para então ficar sabendo o que é um sistema? A mim parece-me que nossos sistemáticos ainda poderiam ir à escola aprender com ela. Os acasos são os fatos isolados — a composição dos acasos — seu coincidir não é novamente acaso, mas lei — consequência da mais profunda e mais planejada sabedoria. Não há nenhum livro no catálogo, que não tenha dado seu fruto, ainda que tivesse tão-somente estercado o solo sobre o qual cresceu. Acreditamos encontrar muitas tautologias. Ali onde nasceram, elas no entanto vivificaram eminentemente estas e aquelas ideias. Somente para o todo, para nós,[8] são tautologias; o pior dos romances garante pelo menos aos amigos e às amigas do autor um contentamento. Mesquinhas prédicas e livros edificantes têm seu público, seus adeptos e, em roupagem tipográfica, atuam com decuplicada energia sobre seus ouvintes e leitores — e assim em tudo.

A. Pareces esquecer totalmente as sequelas nocivas da leitura e o monstruoso custo dispendido com esse artigo do luxo moderno.

B. Querido — o dinheiro não está aí para vivificar — ? Por que não deve agora servir também a esse carecimento de nossa natureza, animar e satisfazer também o sentido para pensamentos? A respeito das sequelas nocivas, rogo-te somente[9] um instante de reflexão séria, porque tal objeção de tua parte quase me indigna.

A. Sei aonde queres chegar e, de fato, não desejaria fazer minhas as genuínas preocupações dos filisteus, entretanto tu mesmo, frequentemente, não te queixaste bastante de tua leitura de livros? Não falaste frequentemente do fatal condicionamento[10] à natureza impressa?

B. Pode ser que minhas queixas da espécie pudessem dar ocasião a mal--entendidos — mas, sem contar que de hábito são apenas manifestações de instantes de mau humor, onde não se fala no universal, mas, como a paixão, e o humor, unilateralmente, com isso eu me lamentei[11] mais da inevitável fraqueza de nossa natureza, de seu pender a acostumar-se e a mal-acostumar-se, e não, no fundo, do mundo das cifras. Este nada pode em proveito de que nós, no fim, vemos apenas ainda livros, e não mais coisas, e quase como que não temos mais nossos cinco sentidos corporais. Por que nos apegamos tão unicamente,[12] como miserável musgo, ao tronco da impressora?

A. Mas, se isso continua assim, não se poderá mais no fim estudar nenhuma ciência inteira — Tão monstruosamente cresce o âmbito da literatura.

B. Não creias nisso. O exercício faz o mestre, e isso também na leitura de livros. Aprendes logo a entender-te com tua gente — Frequentemente não se entreouviram duas páginas a um autor, e já se sabe quem se tem diante de si. Frequentemente o próprio título é bastante legível fisiognomicamente.[13] Também o prefácio é um sutil medidor de livros. Por isso os mais espertos costumam agora deixar de lado esse traiçoeiro indicador de conteúdo, e os comodistas o fazem porque um bom prefácio é mais difícil que o livro — pois, como se exprime o jovem, revolucionário Lessing,[14] o prefácio é raiz e quadrado do livro ao mesmo tempo e por conseguinte, acrescento eu, nada outro, senão sua genuína resenha.

A mania de citações e de comentário dos filólogos mais antigos, o que era, senão filha da pobreza — de livros e do excesso — de espírito literário.[15]

A. Mas, não sei, para mim os próprios livros excelentes[16] são demasiados — Quanto tempo não gasto com um único bom livro ou, antes, cada bom livro se torna para mim veículo da ocupação de uma vida inteira — objeto de uma fruição que nunca se esgota. Por que te limitas então somente a poucos seres humanos bons e ricos de espírito? Não é pela mesma razão? Estamos agora tão limitados, que só pouco podemos fruir totalmente? e no fim não é melhor apropriar-se por inteiro de um único belo objeto, que transitar por centenas, bebericar por toda parte e assim, com muitas meias fruições frequentemente contraditórias entre si,[17] bastante cedo embotar-se os sentidos, sem com isso ter ganho algo para a eternidade?

B. Falas como um religioso — Infelizmente encontras em mim um panteísta — para quem o imensurável mundo é bastante amplo. Limito-me a poucos seres humanos bons e ricos de espírito — porque sou obrigado — Onde tenho mais[?] — Assim com os livros. A confecção de livros, para mim, está longe ainda de ser devidamente[18] praticada em grande escala. Se tivesse a felicidade de ser pai — eu não poderia ter filhos o bastante — Não digo dez, doze — uma centena pelo menos.

A. Não também mulheres, multi-havedor?

B. Não, só *uma única*, com toda seriedade.

A. Que bizarra inconsequência.

B. Não mais bizarra, e não mais inconsequência, que só *um único espírito* em mim, e não cem. Assim como meu espírito deve porém metamorfosear-se em centenas e milhões de espíritos, assim minha mulher em tantas mulheres quantas há. Todo ser humano é mutável sem medida.[19] Assim como com os filhos, assim com os livros. Eu gostaria de ver diante de mim uma inteira coleção de livros, de todas as espécies de arte e de ciência, como obra de meu espírito.[20] E assim com todos. Anos de aprendizado de Wilhelm Meister[21] — temos agora unicamente — Deveríamos possuir tantos anos de aprendizado, escritos no mesmo espírito, quantos fossem tão-só possíveis — os completos anos de aprendizado de todos os seres humanos, que algum dia tivessem vivido — [22]

A. Agora chega — Já estou com vertigem. Amanhã mais. Então estarei novamente com condições de beber contigo alguns copos de teu vinho favorito.[23]

2.

A. Se hoje te dá prazer continuar a comunicar-me tuas ideias sobre o ofício de escritor e outros assuntos — tenho esperança de poder suportar um vívido golpe paradóxico — e se tu me pões no embalo — ajudo-te eu talvez. Tu sabes, o inerte, uma vez que foi posto em movimento, é também tanto mais indetível e ousado.

B. Natural, quanto mais dificilmente uma coisa exterioriza força, tanto mais força pode acolher — e com esta observação estaríamos diante da literatura alemã — que confirma surpreendentemente a verdade dela. Sua capacidade[24] é monstruosa. Não poderia atingi-la uma objeção de que ela não é fácil de utilizar para trabalhos de filigrana. Entretanto não é de se negar, que ela em massa compara-se às antigas tropas guerreiras de seu povo[25] — que em combate homem a homem teriam bem vencido dez legiões romanas — mas sem dúvida em massa eram fáceis de desbaratar, por reunião de forças,[26] disciplina, movimento fácil, bem articulado, e visão de conjunto da situação hábil.

A. Crês que sua velocidade e força estão ainda em crescimento, ou pelo menos ainda no espaço de tempo do movimento uniformemente acelerado?

B. Em crescimento, certamente — e aliás de tal modo que seu cerne se separa e se limpa cada vez mais da matéria esponjosa que o circundava e detinha seu movimento. Com um ser como é uma literatura, ocorre o caso, de que a força que lhe deu o primeiro golpe, a força suscitante, cresce na mesma proporção em que sua velocidade aumenta, e que portanto[27] sua capacidade aumenta igualmente. Tu vês, que aqui o que se tem em mira é uma infinidade. São dois fatores variáveis que estão em crescente relação recíproca e cujo produto progride hiperbolicamente. Mas para tornar a imagem mais clara temos de recordar-nos de que não estamos às voltas com um movimento e extensão de grandezas, mas com uma nobilitante *variação* (diferenciação)[28] de qualidades, cujo cômputo chamamos natureza. Um daqueles fatores variáveis vamos denominar a aptidão de sentido — organibilidade — aptidão de vivificação — onde então está também compreendida a variabilidade. O outro seja para nós a energia[,] ordenação e multiplicidade das potências suscitantes.[29] Pensa ambos em acréscimo recíproco até o fim e conclui então quanto à série de produtos. Com a simplicidade cresce a riqueza — com a harmonia a plenitude sonora — a autonomia e completude do membro com as do todo[30] — Unificação interna com diversidade externa.[31]

A. Por mais certeira e lisonjeira que possa ser essa imagem da história do nosso mundo de escrita, no entanto ela é ainda um pouco erudita demais. Entendo-a apenas assim por cima — no entanto poderia ser bom — e rogo-te que em lugar de uma explicação inexplicável de preferência abandones a eterna linha de neve e fales comigo tão planamente quanto possível sobre alguns fenômenos ao pé da montanha e extraídos da faixa de vegetação.[32] Aqui não estás tão perto dos deuses e não tenho a temer nenhuma linguagem oracular.

[3.][33]

[A.] A vida é muito breve.

[B.] A mim parece muito longa.

[A.] É breve, onde deveria ser longa, e longa, onde deveria ser breve.

[B.] Quem vive afinal? Não é você, que se demora no desagradável e pelo agradável passa voando[?]

[A.] Isso é justamente o pior, que eu nisto não posso mudar-me, tão pouco quanto você. O agradável favorece nossa força — o desagradável a inibe[34] —

[B.] Ora e você nota aqui incompletude —

[A.] Infelizmente muito vividamente —

[B.] Quem manda você não seguir esta indicação —

[A.] Que espécie de indicação[?] —

[B.] Que você, aquilo que deseja, não deve esperar mas procurar — Não nota que você é remetido a si mesmo[?]

[A.] Para paciência, isso já sei eu há longo tempo.

[B.] Não também para ajuda — ?

[A.] O doente manda chamar o médico, porque não pode ajudar-se.

[A.] Se porém o médico exatamente como medicamento prescreve ao doente esforço de seu entendimento. Quem falta a si mesmo, só pode ser curado pela prescrição a ele de si-Mesmo.

[B.] Não esqueça você, que partimos da longueza e brevidade da vida.

[B.] A aplicação é breve e fácil,[35] como o alegre gozo — e longa e laboriosa, como o padecimento — Naquele aspecto dou-a eu a você — Neste fica ela deixada a você mesmo. Modere o fluxo demasiado rápido da força na alegria por *reflexão*[36] — Acelere o inerte progresso — por atividade regular.

[A.] No final sua receita não é no entanto o que procuro. Você ordena uma mistura por *rarefação*. Pela metade eu a tomo com gratidão.

[B.] Querido, você não é um químico, senão saberia, que por uma genuína mescla nasce um *terceiro*, que é ambos ao mesmo tempo, e mais que ambos sozinho.

[4.]

[A.] Mas você tinha razão. Nossa conversação conduziu-me a um resultado interessante.

[B.] Agora está na minha vez de ser instruído — uma alternância, que unicamente o genuíno convívio assegura.[37]

[A.] Você me abriu um caminho através da dúvida sobre o valor do prazer. Compreendo agora que nossa existência originária, se posso exprimir-me assim, é prazer. O tempo nasce com o desprazer. Por isso todo desprazer é tão longo e todo prazer tão breve. Prazer absoluto é *eterno* — fora de todo tempo. Prazer relativo, mais ou menos um único momento indiviso.

[B.] Você me entusiasma — apenas alguns passos ainda e estaremos na altura do mundo interno.

[A.] Sei quais passos você quer dizer. Desprazer é, como o tempo, finito. Todo finito nasce do desprazer. Assim nossa vida.

[B.] Tomo seu lugar — e prossigo. O finito é finito — O que permanece? Prazer absoluto — Eternidade — Vida incondicionada. E o que temos nós a fazer no tempo, cuja finalidade é auto*consciência* da infinitude — ?

Pressuposto,[38] que ele tenha uma finalidade, pois bem se poderia perguntar se não é exatamente a ausência de finalidade que caracteriza a ilusão!

[A.] Isso também — no entanto que devemos nós[39] procurar operar? Metamorfose do desprazer em prazer e com ela do tempo em eternidade,[40] pela arbitrária separação do espírito, da consciência da ilusão como tal.

[B.] Sim, caro, e aqui nas colunas de Hércules abracemo-nos, no gozo da convicção de que junto a nós está a vida como uma bela, genial ilusão, como um soberbo espetáculo a contemplar,[41] de que aqui já podemos estar em espírito[42] em absoluto prazer e eternidade, e de que exatamente a antiga queixa, de que tudo é perecível, pode, e deve, tornar-se o mais jubiloso[43] de todos os pensamentos.

[A.] Essa visão da vida como ilusão temporal[44], como drama, possa ela se tornar para nós outra natureza. Quão depressa então passaremos voando por sobre horas turvas, e quão excitante[45] não nos aparece assim a transitoriedade.

[5.]

A. Dileto amigo, queira suprir-me de um conceito claro, comprovado, do príncipe. Cismo já faz tempo, mas os desesperados príncipes não me ficam — Desaparecem sob o foco da minha atenção — Não devem ser resistentes a fogo e luz. Será um conceito do príncipe porventura uma moldura em torno de uma treva egípcia[?]

B. Um gênio afortunado conduziu você exatamente a mim. Um acaso propício me ensinou esse grande segredo que sem dúvida, como todo segredo, soa bastante paradoxal.

Príncipes são zeros — em si nada valem, mas com números, que eles aumentam à vontade, a seu lado, valem muito.[46]

A. No final, meu caro, que significam todas essas hipóteses — Um único fato verdadeiramente observado tem mais valor, que a mais resplandecente hipótese.[47] O hipotesear[48] é uma brincadeira arriscada — ao fim se torna pendor passional à inverdade — e nada, talvez, danificou mais as melhores cabeças e as ciências, que essa fanfarronice do entendimento fantástico. Essa indisciplina científica[49] embota totalmente o sentido para a verdade, e desacostuma da observação rigorosa, a qual no entanto é unicamente a base de todo ampliamento e descoberta.

B. Hipóteses são redes, só quem as lança capturará.

Não foi a própria América encontrada por hipótese?

Alta e acima de tudo viva a hipótese — só ela permanece.

Eternamente nova, por mais vezes que ela mesma se venceu.[50]

E agora em prosa a moral da fábula. O cético, meu amigo, fez tão pouco quanto o empirismo comum, o mínimo pelo ampliamento da ciência — O cético no máximo fere aos hipotéticos o lugar onde estão, faz-lhes vacilar o chão. Uma estranha maneira de produzir progressos. Pelo menos um mérito muito indireto. O genuíno hipotético não é outro, senão o inventor, ao qual antes de sua invenção muitas vezes já paira obscuramente a terra descoberta ante os olhos — o qual com a obscura imagem paira acima da observação, do experimento — e somente por livre comparação — por múltiplo contato e fricção[51] de suas ideias com a experiência atinge por fim a ideia, que se relaciona negativamente com a experiência positiva, de tal modo que ambas, depois disso, ficam para sempre em conexão — e uma nova luz celestial circunda com seus raios a força vinda ao mundo.[52]

Início do 6º. diálogo (manuscrito P, folha 3a).

[6.][53]

[A.] Ouve, uma vez que é moda dizer sobre a natureza uma palavra racional — ternos também de fornecer nossa contribuição. Ora — o que será — começa a responder-me.

[B.] Reflito já faz tempo em um começo bem natural para nosso diálogo — espremo meu entendimento natural,[54] mas ele está ressecado, e não tem mais nem um pouquinho de seiva.

[A.] Quem sabe qual douto o espremeu, sem o saberes, como um soberbo exemplar entre as folhas de seu herbário.

[B.] Estou curioso por saber sob qual classe ele o incluiu.

[A.] Provavelmente sob a classe das criptogamistas,[55] pois de flores e frutos não se percebe nenhum traço.

[B.] Sabes bem que a natureza já nos inspira, estamos já despercebidamente introduzidos na natureza. Tu pertences aos realistas ou, em alemão — és um grosseirão.[56]

[A.] Disseste uma palavra verdadeira — uma palavra de sagração sobre mim. Tenho grandes disposições para tornar-me um sacerdote da natureza.

[B.] Queres dizer, porque nós te chamamos de Papa-da-pança e a natureza propriamente nada é senão uma grande pança.

[A.] Também é verdade — mas a verdadeira disposição consiste na grosseria. Pois vê, a natureza é monstruosamente grosseira — e quem quer conhecê-la direito tem de captá-la grosseiramente — A um cepo grosseiro — Corresponde uma cunha grosseira. Este provérbio é feito sob medida para a doutrina da natureza, pois aqui ela deve sim ser cindida pelo entendimento. Nisso nossos antepassados devem ter sido verdadeiramente mestres-conhecedores da natureza, pois somente na Alemanha a autêntica grosseria foi descoberta e cultivada.

[B.] Ela convinha bem ao nosso solo — por isso também tudo parece agora bem descalvado entre nós, pois negligenciou-se essa planta nacional e traficou-se bem infamemente com essa riqueza. Só no homem comum ela viceja ainda e por isso também, para ele, a natureza é verde ainda. Aos notáveis ela voltou as costas faz tempo e eternamente mostrará às pessoas finas, com bastante presteza, onde ela se senta.

[A.] A definição de natureza tenho eu agora como resultado de nosso diálogo — Ela é o cômputo de toda grosseria.

[B.] Dela deixam-se derivar todas as leis da natureza — que ela é incessantemente grosseira, sem interrupção, e se torna sempre mais grosseira, *lex continuitatis*.[57]

[A.] Que ela gosta de ir reto e não faz muitas circunstâncias. *Lex parsimoniae*.

[B.] Sim, e ainda uma multidão de leis desconhecidas desenvolvem-se a partir desse fecundo conceito. Mas justamente porque somos filósofos, não precisamos afligir-nos com a execução. Temos o princípio e pronto — aquela fica para as cabeças comuns.

[A.] Mas diz-me apenas, de onde vem, que a natureza é tão desesperadamente rara. A arte é propriamente o costumeiro.

[B.] Rara, sim, ela tem de ser, pois como ela se faz inteligível o bastante e gosta de fazer alarde de sua natureza, ela teria de ser muito mais entendida.[58]

[A.] Quem está possuído de tão exagerada artificiosidade da arte, este considera justamente a grosseria dela como arte, e assim ela é sem dúvida mal entendida por toda parte.

[B.] Verdadeiramente nascemos também para ser natureza — e quem tem muita natureza dentro de si — para este isso tudo é tão natural; e o que falar disso. Quem fala disso, esse é um inepto sem força e seiva, pois aquilo de que se fala, isso não se tem; este é um axioma.

[A.] Por isso vamos nós também parar de falar disso, senão nossa natureza vai de embrulho.

[B.] Tens razão, e então a moda logo nos teria pregado uma peça — e maliciosamente nos expelido de nossa natureza. Vamos então para a adega — ali a natureza está em casa, de modo que nos tornaremos novamente bem naturais.

[A.] Apenas guarda-te lá de falar do vinho — pois aquilo de que se fala, isso não se tem.

[B.] Verdade, por isso falas tu sempre de entendimento —

[A.] E tu falas de orelhas curtas.

MONÓLOGO

O que se passa com o falar e escrever é propriamente uma coisa maluca; o verdadeiro diálogo é um mero jogo de palavras. Só é de admirar o ridículo erro: que as pessoas julguem falar em intenção das coisas. Exatamente o específico da linguagem, que ela se aflige apenas consigo mesma, ninguém sabe. Por isso ela é um mistério tão prodigioso e fecundo — de que quando alguém fala apenas por falar pronuncia exatamente as verdades mais esplêndidas, mais originais. Mas se quiser falar de algo determinado, a linguagem caprichosa o faz dizer o que há de mais ridículo e arrevesado. Daí nasce também o ódio que tem tanta gente séria contra a linguagem. Notam sua petulância, mas não notam que o desprezível tagarelar é o lado infinitamente sério da linguagem. Se apenas se pudesse tornar compreensível às pessoas que com a linguagem se dá o mesmo que com as fórmulas matemáticas — Elas constituem um mundo por si — Jogam apenas consigo mesmas, nada exprimem a não ser sua prodigiosa natureza, e justamente por isso são tão expressivas — justamente por isso espelha-se nelas o estranho jogo de proporções das coisas. Somente por sua liberdade são membros da natureza e somente em seus livres movimentos a alma cósmica[1] se exterioriza e faz delas um delicado metro e compêndio das coisas. Assim também com a linguagem — quem tem um fino tacto para seu dedilhado, sua cadência, seu espírito musical, quem percebe em si mesmo o delicado atuar de sua natureza interna, e move de acordo com ela sua língua ou sua mão, esse será um profeta; em contrapartida, quem sabe bem disso, mas não tem ouvido ou sentido bastante para ela, escreverá verdades como estas, mas será feito de palhaço pela própria linguagem e escarnecido pelos homens, como Cassandra pelos troianos. Se com isso acredito ter indicado com a máxima clareza a essência e função da poesia, sei no entanto que nenhum ser humano é capaz de entendê-lo e disse algo totalmente palerma, porque quis dizê-lo, e assim nenhuma poesia resulta. Mas, e se eu fosse obrigado a falar? E esse impulso a falar fosse o sinal da instigação da linguagem, da eficácia da linguagem em mim? E minha vontade só quisesse também tudo a que eu fosse obrigado, então isto, no fim, sem meu querer e crer, poderia sim ser poesia e tornar inteligível um mistério da linguagem? E então seria eu um escritor por vocação, pois um escritor é bem, somente, um arrebatado da linguagem? —

NOTAS

FOLHA DE FRAGMENTOS

[1] Retomada da frase: "/Morrer é um ato genuinamente filosófico./" — que se encontra no final do n. 35 dos *Estudos de Hemsterhuis*. O contexto é uma observação sobre o *Gesammtphilosophieren*, "filosofar em conjunto", versão vernácula do *Symphilosophieren* de Schlegel. O texto todo desse n. 35 é de Hardenberg mesmo, e não anotação de leitura (assinalado: "*v[on]mir*"), e está reproduzido com pequena modificação no n. 3 dos *Fragmentos logológicos* (cf. neste volume). Friedrich Schlegel, comentando este primeiro fragmento numa carta a Schleiermacher (julho de 1798), empresta-lhe falsamente uma intenção autobiográfica: "Que Hardenberg não se mate, acredito-o apenas porque ele o quer com determinação, e o considera como o começo de toda filosofia". O "desenvolvimento desse pensamento", referido na última linha, pode ser conferido, por exemplo, nas *Observações entremescladas* n. 11, 15, 49.

[2] Diminutivo de Sophie. Referência a Sophie von Kühn (1782-1797), filha de Johann von Rockenthien, de Grüningen, noiva de Hardenberg desde março de 1795, e cuja morte prematura costuma ser considerada pelos comentadores como a experiência decisiva que moldou sua obra. Mais tarde, no *Borrador universal* n. 723, leremos: "Arte de *metamorfosear* tudo em *Sophies* — e vice-versa".

[3] Observação retomada nos *Fragmentos de Teplitz* n. 333: "Todo amor arbitrário no sentido conhecido é uma religião — que tem e pode ter apenas um único apóstolo, evangelista e adepto — e pode — mas não precisa — ser religião recíproca./ Onde o objeto exclui o ciúme por sua natureza — assim é a religião cristã — o amor cristão". Esta anotação antecipa a teoria do "duplo mediador", exposta no n. 73 das *Observações entremescladas*.

[4] O texto recorre ao estrangeirismo *Identification*, em lugar do alemão correspondente, que seria *Gleichsetzung*, *Verschmelzung* (fusão) ou mesmo *Identifizierung*. Este fragmento dimensiona desde já o projeto filosófico futuro de Novalis, pelo qual ele pretendia ir além de Fichte: o "idealismo mágico". Outra indicação neste sentido se encontra no fragmento 820 do *Borrador universal*, onde Novalis anota, entre parênteses: "(Em lugar de n[ão]-e[u], tu.)".

[5] Os antigos acreditavam que a bílis negra *(mélas kholè)* subia do hipocôndrio (região do abdome) para o cérebro, provocando angústia e tristeza. Mas já no § 47 (Akad.-Ausg. § 50) da *Antropologia* de Kant ("Sobre as doenças mentais") encontramos o termo *Hypocondrie* como sinônimo de *Grillenkrankheit*, isto é, doença de veneta, de cisma, melancolia (o primeiro sentido de *Grille*, em alemão, é "grilo"). Nos *Fragmentos de Teplitz* (n. 101), Novalis escreverá: "A hipocondria tem de tornar-se uma *arte* — ou educação». Cf. também o n. 128 de *Fragmentos I* (neste volume).

[6] Essa exigência de *Selbsttätigkeit* (literalmente: autoatividade), de inspiração fichtiana, é característica de Novalis. Compare-se, desde já, a anotação de 23 de maio de 1797, no diário de Hardenberg: "Sobre a resolução [de acompanhar Sophie na morte] não devo mais raciocinar — e assim como me obrigo ao pensar determinado, tenho também de procurar, através de empenho (*Streben*) e de certos meios, despertar também determinadas tonalidades afetivas (*Stimmungen*) em mim ao meu arbítrio. Tenho de poder trabalhar quando quero — assim preciso aprender a pôr-me, com esforço inicial, em um certo estado".

OBSERVAÇÕES ENTREMESCLADAS

[1] O texto em alemão é mais expressivo, pois joga com a contraposição dos cognatos *Ding* (coisa) e *un-be-dingl* (incondicionado). Quem primeiro chamou a atenção para essa relação, vendo nela um profundo segredo filosófico que a linguagem ostenta, foi Schelling, num de seus primeiros livros, *Sobre o eu como princípio da filosofia ou O incondicionado no saber humano* (1795). Ali, no § 3, o filósofo escreveu: "A formação filosófica das línguas, que ainda se torna visível eminentemente nas antigas, é um verdadeiro prodígio operado pelo mecanismo do espírito humano. Assim, nossa palavra alemã *Bedingen* [condicionar], até agora usada inintencionalmente é, de fato, juntamente com seus derivados, uma palavra primorosa, que contém quase o inteiro tesouro da verdade filosófica. *Bedingen* se chama a ação pela qual algo se torna coisa (*Ding*), *bedingt* o que é *feito* coisa, donde se evidencia ao mesmo tempo que nada *pode ser posto por si mesmo como coisa*, i. e. que uma coisa incondicionada (*unbedingtes Ding*) é uma contradição". O problema do incondicionado havia sido colocado no primeiro plano pela filosofia crítica de Kant: problema insolúvel, pois, sendo inalcançável, o incondicionado é uma exigência intrínseca da razão; só ele evitaria o absurdo da regressão infinita na série das condições. Notar que Novalis sublinha os dois verbos, chamando a atenção para o jogo cruzado de contraposições no interior da frase. No *Borrador universal* (n. 314), Novalis se refere a este fragmento escrevendo: "Cada expectativa sempre iludida e sempre renovada aponta em direção a um capítulo da Doutrina-do-futuro [*Zukunftslehre*, disciplina da Enciclopédia que também poderia chamar-se *cosmogogia*]".

[2] A teoria da linguagem de Hardenberg, nesta fase, está ainda sob a influência de Friedrich Schlegel e sob a inspiração da dissertação de Fichte, *Sobre a faculdade de falar e a origem das línguas* (1794). Sua posição própria será expressa com mais clareza no *Monólogo*, publicado neste volume. A frase sobre a gramática e a dinâmica poderia, no estilo do autor, ser invertida assim: "a dinâmica é a gramática da natureza".

[3] Este é o primeiro dos fragmentos de tema político que o autor entremesclará no conjunto. O mais importante, não reproduzido em *Pólen,* é o n. 122. Para entender o uso frequente que Hardenberg faz dos termos "órgão", "organizar", "organização", convém referir-se à *Crítica do Juízo*, de Kant, onde o conceito de *organismo* é filosoficamente definido pela "finalidade interna". "Animar" (*beseelen*) tem aqui seu sentido etimológico de "dotar de alma" (*Seele*).

[4] Em alemão: *Lehrjahre*. Um termo de muito prestígio na época — e de conotações precisas. O livro reverenciado pelo círculo romântico como o mais importante naquele momento histórico era, justamente, *Anos de aprendizado de Wilhelm Meister*, de Goethe.

[5] Em alemão: *organisiert*.

[6] A estrutura do fragmento mostra que não pode ser dividido em dois (como está em *Pólen*) sem prejuízo para a compreensão. O primeiro parágrafo é um cabeçalho, abrindo uma espécie

de chave para os outros dois: o segundo, que trata da formação do "novato filosófico", e o terceiro, que trata da formação do "novato poético". A ligação do poético com a "arte de viver", substituindo assim a "razão prática" de Kant, como será permanentemente a intenção de Novalis, fica, desse modo, evidente desde já.

[7] Este fragmento não foi aproveitado em *Pólen*; posteriormente incorporado à coletânea conjunta *Fagmenten*, no volume seguinte da revista *Athenaeum* (ed. Minor, n. 284). Está em conexão com o de n. 23.

[8] Nos *Estudos de Hemsterhuis* n. 22, uma versão ligeiramente diferente ("A *compreender*-nos nós nunca chegaremos portanto *totalmente* — mas a nós mesmos podemos e iremos *muito mais* que compreender.") liga-se, por esse "portanto", a um comentário do livro *Lettre sur l'Homme et ses Rapports*, de Franz Hemsterhuis. O texto comentado dizia: "Esse ser [que tem a faculdade de sentir], ao receber a ideia de um objeto, sente-se passivo; pois não pode cessar de ter a ideia, se a modificação do objeto e a do órgão continuam as mesmas. *Sente-se passivo*, e consequentemente sente que há um objeto, ou uma causa da ideia, fora dele". Hardenberg comenta que o ser humano "transfere o conceito de causa, que tem de acrescentar ao pensamento de todo efeito, em vista de uma explicação, a um ser que se encontraria fora dele", não obstante a convicção de que "apenas ele mesmo se afeta", que é "inconcebível para o entendimento". O filósofo então "se vê, com plena consciência, *julgar limitadamente*" — por isso "do ponto de vista do mero julgar" há um não-eu. Mas: "*Passivo* o homem se sente apenas no nível do mero julgar". Com o mero entendimento, portanto, não podemos abarcar-nos. Mas o erro está no *hegreifen* (*comprehendere*, tradução que Kant sugere na *Lógica de Jäsche*) e no *Begriff* (conceito), que é limitado. O "muito mais" que está no texto se diz, em alemão, *weit mehr*, sublinhado não sem razão: refere-se ao ampliamento (*Erweiterung*) discutido por Kant na *Crítica,* indicando que ele só é possível *ultrapassando* o conceito.

[9] Retomada do n. 36 dos *Estudos de Hermsterhuis*, assinalado VM ("*von mir*"). Em lugar de *hervorzubringen* (produzir), lia-se *hervorzulocken* (aliciar); em lugar de *Verkettungen* (encadeamentos), *Verbindungen* (ligações).

[10] Em alemão: *Wahn*, termo que entra na composição das palavras *Wahnsinn* (loucura; *dementia*) e *Wahnwitz* (delírio; *insania*). Esta explicação vitalista das relações entre ilusão e verdade será muito desenvolvida por Nietzsche, mas então a ilusão será apresentada como muito mais vital que a verdade.

[11] Tradução convencional para *Schwärmerey*, de fato intraduzível por referir-se muito intrinsecamente ao debate de ideias da época. Obscurantismo, misticismo, delírio, era o negativo da Ilustração. Hardenberg escreveu na adolescência uma jocosa *Apologia da Schwärmerey*, propondo-se a julgá-la "tão imparcialmente quanto é possível a um sublunariano" e não confundi-la com o "cego fanatismo", como o fazem "despoticamente nossas cabeças ilustradas», esses "professores de tolerância" e "visionários da razão".

[12] Em alemão: *Philisterey*. Outro termo datado. O filisteu (*Philister*) deixou de ser o povo histórico, perseguidor de Sansão, para tornar-se o burguês bitolado e vulgar, inimigo das novas ideias.

[13] O texto usa o estrangeirismo *Incitamenten*. A expressão *Zwangsmittel* (meios coercitivos) foi acrescentada, entre parênteses, no manuscrito, por sobre a linha. Essas expressões são brownianas, assim como todo o fragmento está calcado sobre o *Sistema da arte de curar*, do médico escocês John Brown, que fora publicado em tradução alemã em 1796 e fazia muitos adeptos na Alemanha. Baseado num princípio muito simples, formulado no livro *Elementa Medicinae* (1780) — "Todas as doenças provêm ou da deficiência de estimulação ou de seu excesso, e devem tratar-se com estimulantes ou sedantes" —, esse sistema definia a saúde como

meio-termo entre "astenia" e "estenia", cada uma delas podendo ser "direta" ou "indireta". Hardenberg, sem ser um sequaz de Brown, utiliza fartamente, a seu modo, essa terminologia.

[14] Nos *Estudos de Kant* n. 47, após uma versão mais sintética do fragmento anterior, o parágrafo seguinte dizia: "Não deveria, com nossa faculdade de apercepção, ser como com as membranas do olho — as representações têm de atravessar meios opostos para enfim aparecer corretamente na pupila interna?". Segue-se um comentário sobre a troca de posições e os caminhos opostos tomados pela revolução astronômica (referência a Copérnico e Kepler) e pela revolução filosófica (Kant).

[15] É o tema da segunda parte do *5º Diálogo* (cf. neste volume). Com exceção das linhas finais, este fragmento retoma aproximadamente o segundo e o terceiro parágrafos do n. 48 dos *Estudos de Kant*. O filósofo "também censura" a insuficiência da mera experiência na aplicação racional, "sem por isso rejeitar pura e simplesmente a *mera* experiência, como tão frequentemente, no primeiro caso, o *homem prático* procede com a *mera* teoria".

[16] Fragmento incorporado à coletânea de fragmentos da revista *Athenaeum* (ed. Minor n. 292). Foram usadas duas palavras, "leve" e "fácil", para traduzir o adjetivo *leicht*, que aqui tem indecidivelmente os dois sentidos.

[17] Esta primeira parte, segmentada do aforismo, será o n. 293 (Minor) da coletânea *Athenaeum*. Apenas a primeira oração do segundo parágrafo foi aproveitada em *Pólen*, e o restante do fragmento simplesmente suprimido.

[18] A expressão *mit uns selbst* ("conosco mesmos") foi acrescentada por sobre a linha no manuscrito. A palavra "infamiliaridade" traduz *Unbekanntschaft* — pois *bekannt*, por oposição a *erkannt*, significa "conhecido" no sentido mesmo de costumeiro ou familiar; o tradutor francês da *Fenomenologia do espírito* de Hegel, Jean Hyppolite, adotou por isso a expressão *bien connu* e diz em nota: "*das Bekannte*, o que é familiar, notório, e por isso não pensado" (v. 1, p. 28).

[19] Em alemão: *Wechsel* (câmbio, troca, reciprocidade, intercâmbio). Aqui no sentido do conceito de *Wechselbestimmung* (determinação recíproca), central na *Doutrina-da-ciência de 1794*, de Fichte. Novalis usa com rigor esse conceito, que designa, no limite, a "conciliação do inconciliável" por uma "oscilação da imaginação produtiva entre opostos absolutos".

[20] Em alemão: *Erdenbürger*. Corrigido, no manuscrito, da palavra mais usual *Weltbürger* ("cidadão do mundo", "cosmopolita").

[21] No texto a palavra usada é *Reduktion*, deixando claro que se trata de um termo químico — o oposto de oxidação. O processo de Redução de Júpiter, chamado Obra do Sol, ou operação do Sol, era considerado a busca essencial da alquimia, pois através dele se obtém o Ouro genuíno (a "pedra filosofal").

[22] O editor crítico alemão, Richard Samuel, sugere referir este célebre texto a certos trechos das *Cartas sobre o dogmatismo e o criticismo* (1795), de Schelling, ou seja, às descrições da "intuição intelectual" na Oitava Carta; p. ex.: "Essa intuição intelectual se introduz, então, quando deixamos de ser *objeto* para nós mesmos e quando, retirado em si mesmo, o eu que intui é idêntico ao eu intuído. Nesse momento da intuição, desaparecem para nós tempo e duração: não somos *nós* que estamos no tempo, mas o tempo — ou antes, não ele, mas a pura eternidade absoluta — que está *em nós*". (Cf. coleção "Os pensadores" p. 318-319 do original.) Convém lembrar entretanto que há uma referência mais próxima e também verossímil: as primeiras linhas da *Primeira introdução à Doutrina-da-ciência*, de Fichte, recém-publicada no *Philosophis-ches Journal* de 1797. Ali, Fichte escreve: "Atenta a ti mesmo: desvia teu olhar de tudo o que te circunda e dirige-o a teu interior — é a primeira

exigência que a filosofia faz a seu aprendiz. Não se trata de nada que está fora de ti, mas exclusivamente de ti mesmo". A própria Ricarda Huch, habitualmente tão impressionista, cita esta frase de Novalis, no capítulo "Filosofia romântica" de seu livro *Die Romantik*, justamente para mostrar o enraizamento do romantismo na filosofia transcendental: "Como um país de contos de fadas, onde tudo é prodígio, pensamos nós o romantismo; e no entanto um monumento a Kant, o mais inexorável dos pensadores, poderia ser erigido ali dentro. Não porque ele construiu em azul, vaporosa distância os jardins suspensos de seu mundo inteligível, ou porque ele com impenetrável sorriso falou em favor da crença nos espíritos, mas porque ele colocou o centro de gravidade da filosofia no homem. 'Para dentro vai o misterioso caminho', anunciaria mais tarde Novalis. Esse caminho fora aberto por Kant". Mas o próprio Hardenberg, no *Borrador universal*, seria talvez o melhor comentador aqui, ao fazer o seguinte apontamento (n. 851): "As ideias de Platão — habitantes da faculdade de pensar — do céu interno. /(Toda introversão — olhar para o interno — é ao mesmo tempo ascensão — viagem ao céu — olhar para o *verdadeiramente externo*)". Cf. também o n. 43 das *Observações entremescladas* e os n. 111 e 112 dos *Fragmentos I*.

[23] A locução *als je* ("que nunca") foi acrescentada por sobre a linha no manuscrito.

[24] O livro de Erasmus Darwin (médico e poeta inglês, que viria a ser avô de Charles Darwin; 1731-1802), *Zoonomia, ou Leis da vida orgânica*, em tradução alemã de J.D. Brandis, fora publicado em 1795. O trecho a que Hardenberg se refere está no v. I, p. 377-8: *"Mas se sonhamos muito com objetos visíveis,* essa acumulação de força sensorial no órgão de visão é diminuída ou impedida e *acordamos pela manhã sem ser ofuscados pela luz,* depois que a pupila se contraiu suficientemente".

[25] Em alemão: *Incitament*. Referência ao brownismo, cf. nota 13.

[26] Esta expressão, estranha à terminologia novalisiana, é empregada aqui com distanciamento, numa tomada de posição em relação à controvérsia clássica, que Descartes havia acirrado ao situar a "sede da alma" na "glândula pineal". No n. 42 dos *Estudos de Kant*, Hardenberg se refere a uma carta de Kant a Samuel Thomas Sömmerring (publicada em apêndice ao livro deste último, *Sobre o órgão da alma*, 1796), onde a questão já é criticamente denunciada como um falso problema. Ali, Kant escreve: "Se devo tornar intuível o lugar de minha alma, i. e. de meu si-mesmo absoluto, em alguma parte no espaço, tenho então de perceber a mim mesmo através do mesmo sentido pelo qual percebo também a matéria que me circunda imediatamente (...) Ora, a alma só pode perceber-se através do *sentido interno*, ao corpo porém (seja por dentro ou externamente), somente através do *sentido externo*, consequentemente não pode determinar para si mesma absolutamente nenhum lugar, porque para isso teria de fazer de si objeto de sua própria intuição externa e pôr-se fora de si mesma; o que se contradiz".

[27] A palavra pode significar "aquele que age conforme aos cânones", mas, também, aquele que cria os próprios cânones. A palavra grega *cânon* evoluiu de um primeiro sentido de "régua" para "critério de medida", especialmente critério de *retidão*, e daí para "norma". Na *Metodologia transcendental* da *Crítica da razão pura*, Kant abre um capítulo com o título "O cânon da razão pura", onde define o cânon como "conjunto dos princípios *a priori* do uso correto de certas faculdades de conhecimento", assim p. ex. é a analítica transcendental o cânon do entendimento puro. Mas, acrescenta, "se há um uso correto da razão pura, caso no qual tem de haver também um cânon dela, este não se referirá ao uso especulativo, mas ao *uso prático da razão*" (A 797; B 825). Novalis parece, neste fragmento, brincar com a ideia de uma "autocanonização".

[28] A palavra "símbolo" tem, na época, o sentido bem preciso de "unidade de ser e significação" (Goethe, Moritz, Hoffmann, Schelling). Mais tarde (*Filosofia da mitologia*) Schelling

chamará o simbólico de "tautegórico" — aquilo que não enuncia *outro* (não é *alegórico),* pois consiste na própria autoenunciação. Cf. "O simbólico em Schelling", in *Ensaios de filosofia ilustrada,* R. R. Torres Filho.

[29] Este fragmento foi celebrizado por Georg Lukács, que usou a primeira frase como epígrafe de seu ensaio "Novalis" (publicado em húngaro em 1908 e em alemão em 1911, como parte do livro *A alma e as formas).* Mas, ao contrário da indicação de Lukács, não foi incluído na coletânea *Pólen.* Friedrich Schlegel o reservou, como a alguns outros, para a coletânea conjunta de fragmentos da revista *Athenaeum* (ed. Minor, n. 286).

[30] A palavra "diz" (*sagt*) é no manuscrito uma correção de "coloca" (*legt*), e o advérbio "seguramente" (*sicher*) está substituindo "desembaraçadamente" (*unbefangen*).

[31] Em alemão: *Darstellung,* que Kant na *Crítica do Juízo* dá como equivalente de *exhibitio* e em francês pode ocasionalmente ser traduzida por *mise en scène.* Frequentemente, e especialmente no n. 633 dos *Estudos de Fichte,* Novalis irá associar a questão fichtiana da *Darstellung* (ato de tornar sensível o suprassensível) com a "arte do escritor". Escreverá, por exemplo: "O essencial da exposição é — o que é o coessencial do objeto".

[32] Novalis trabalha com o conceito de gênio tal como foi estabelecido por Kant na *Crítica do Juízo,* § 46 a § 49: o favorito da natureza, no qual o livre jogo das faculdades encontra espontaneamente a proporção certa; mas inspira-se também no projeto de Fichte de democratizar — ou socializar — o gênio. Cf. nesse sentido o último parágrafo deste fragmento.

[33] O texto alemão, que joga com os verbos *handeln von* (tratar de) e *behandeln* (tratar), é o seguinte: *So ist also das Genie, das Vermögen von eingebildeten Gegenständen, wie von Wircklichen zu handeln, und sie auch, wie diese, zu behandeln.* Com esta frase, mudando o começo para "Gênio é..." começa o fragmento correspondente em *Pólen,* que se interrompe no final deste parágrafo — e poderia portanto ser chamado, mais apropriadamente, de *segmento de fragmento.*

[34] Este último parágrafo, separado do contexto e transformado num "fragmento" autônomo, foi incorporado à coletânea de *Athenaeum* (sob o n. 283 da ed. Minor).

[35] Em alemão: *übersinnlich,* termo do vocabulário kantiano, que se refere ao que está além dos limites da experiência possível (sensível). Uma vez (*Sobre os progressos da metafísica*) Kant lhe dá como equivalente a locução grega *metà tà Phýsica.* Novalis foi buscar no filósofo holandês Franz Hemsterhuis a ideia do futuro desenvolvimento no homem de um *órgão* para o suprassensível ("*organe moral*") que nos daria acesso à "*face morale de l'univers*".

[36] No manuscrito original Novalis escreveu "*ein denkendes Thier*" (um animal pensante), que é, afinal, uma das definições tradicionais de "homem", depois riscou a palavra *denkendes.*

[37] A locução "clareza de consciência", que está no texto, procura suprir, por perífrase, a intraduzível palavra *Besonnenheit* — um termo-chave, que Hardenberg herdou, da filosofia de Fichte. Ali, ela designa a única postura genuinamente filosófica, de lucidez, vigília, autoconsciência. Formada a partir do verbo reflexivo *sich besinnen* (que pode também significar "voltar a si", "recobrar os sentidos"), beneficia-se ainda da homofonia com o verbo *besonnen,* que significa "iluminar", "ensolarar".

[38] Suprimida, no manuscrito, a palavra *aber* (mas).

[39] Desenvolvimento e contraprova da frase do fragmento anterior: "Quando falamos do mundo exterior, quando descrevemos objetos efetivos, então procedemos como o gênio".

[40] Em alemão: *Stimmungen*. Esta palavra, formada a partir do radical *Stimme* (voz) e considerada pelos comentadores como essencial em Novalis, não pode ser simplesmente traduzida por "estados de alma". Ele próprio chama a atenção para a referência diretamente musical ("a acústica da alma é um domínio ainda obscuro"), para o parentesco com a ideia de acordo ou harmonia (*Einstimmung*) e para sua presença no conceito de *determinação* (*Bestimmung*). Confira-se o n. 534 dos *Estudos de Fichte*, onde aflora essa preocupação terminológica: "*Stimme — Stimmung — stimmen — bestimmen — einstimmen. Stimme* exprime algo que constitui a si mesmo. *Stimmung* nasce de dois ativos e dois passivos".

[41] Em alemão: *Machtspruch,* literalmente "pronunciamento de autoridade", germanização de *edictum* (edito). Novalis toma essa palavra como modelo para construir o neologismo *Machthandlung,* que seria "ação de autoridade". Dupla referência a Fichte *(Doutrina-da-ciência de 1794)*: o célebre neologismo *Tathandlung* ("estado-de-ação"), criado por oposição a *Tatsache* (estado de coisa, fato); e o decreto *(Machtspruch)* absoluto da razão, pelo qual "o nó não é desatado, mas cortado" quando se verifica a impossibilidade de unificar o eu e o não-eu.

[42] Incorporado aos fragmentos de *Athenaeum* (ed. Minor, 282).

[43] Em alemão: *Selbstentäuszerung,* que aqui tem o sentido de "exteriorizar-se de si mesmo". *Entäuszern* pode traduzir-se também por "alienar", que, na *Doutrina-da-ciência* de Fichte (I, 165), é a atividade característica da síntese da substancialidade, por oposição ao *übertragen* (transferir), que é característica da síntese da causalidade.

[44] Em alemão: *selbsttätig*. A introdução do neologismo, em português, visa a evitar as palavras "espontânea" ou "autônoma", que no contexto da filosofia transcendental têm um significado técnico muito específico.

[45] A palavra *Mann*, que está no manuscrito, foi substituída por *Genie* no texto publicado de *Pólen*.

[46] Nas *Cartas sobre a educação estética da humanidade*, Schiller fala do "ser humano ideal puro" que cada homem individual traz dentro de si e define como "a mais alta tarefa da existência" manter-se de acordo com sua "invariável unidade". Nesse trecho, Schiller acrescentou a seguinte nota: "Refiro-me aqui a um escrito recentemente aparecido: *Preleções sobre a destinação do douto*, de meu amigo *Fichte*, onde se encontra uma dedução luminosa, e nunca tentada por essa via, desta proposição".

[47] Em alemão: *vollendetes*. Dois adjetivos para traduzir um, pois o alemão mostra com mais evidência que "perfeição" (*Vollendung*) e "perfeito" (*vollendet*) são derivados do verbo "perfazer".

[48] Incorporado aos fragmentos de *Athenaeum* (ed. Minor, n. 287).

[49] Friedrich Schlegel, no fragmento n. 108 publicado na revista *Lyzeum der schönen Künste*, escrevera, a respeito da *ironia*: "Ela contém e suscita um sentimento do conflito indissolúvel do incondicionado e do condicionado".

[50] A palavra "chiste" é a tradução convencional para *Witz*, correspondente ao *wit* inglês, que os franceses costumam traduzir por *esprit* ou *mot d'esprit*. Pode designar tanto a própria piada, ou a graça, quanto a faculdade do sujeito, a qualidade de ser "espirituoso".

[51] As duas últimas orações, destacadas do contexto, foram publicadas como fragmento autônomo na coletânea de *Athenaeum* (ed. Minor, n. 289).

[52] O uso dos sinais (< >), a partir de "e é muito mais limitada", indica que, no manuscrito, o texto foi riscado. No texto de *Pólen*, este fragmento foi desmembrado e montado com trechos do fragmento n. 36. O último parágrafo foi destacado como um fragmento independente.

[53] Este fragmento, também riscado no manuscrito, foi publicado na coletânea de *Athenaeum* (ed. Minor, n. 290).

[54] O texto recorre ao estrangeirismo *inspirirt*. Modo de lembrar, talvez, o parentesco etimológico entre *in-spirare* e *spiritus*.

[55] Hardenberg escreve *Interresse*, com dois "r". Em alemão o termo culto *Interesse* (de origem latina: *inter-esse*, "estar entre") é usualmente traduzido por *Teilnahme* (participação), de modo que as duas palavras costumam funcionar como sinônimos. *Interesse* é o conceito central da *Crítica da razão prática* de Kant.

[56] Frase tomada quase literalmente da *Primeira introdução à Doutrina-da-ciência*, de Fichte (§ 5; I, 433): "O supremo interesse e o fundamento de todos os demais interesses é o *por nós mesmos*".

[57] Nova referência ao fragmento de Schlegel (n. 108 do *Lyzeum*): "A ironia socrática é a única dissimulação (*Verstellung*) inteiramente involuntária e, no entanto, inteiramente consciente (*besonnene*)". A tomada de posição em relação ao conceito romântico de "ironia" consiste, então, em reinterpretá-la como "humor" (no sentido da definição do fragmento n. 30), opô-la portanto ao "chiste" e ligá-la à *Besonnenheit* (cf. nota 37), explicitada agora como "presença de espírito" (*Gegenwart des Geistes*).

[58] Esta frase, destacada do contexto, é apresentada em *Pólen* como um fragmento autônomo. Vê-se aqui que é apenas um comentário da expressão usual "presença de espírito".

[59] A expressão "tomar consciência clara de si mesma" traduz *sich selbst zu besinnen* (cf. notas 37 e 57).

[60] No texto: *Humanität*, isto é, a qualidade de ser humano (*Menschlichkeit*), e não o gênero humano (*Menschheit*).

[61] Em alemão: *Belebung*. Conceito herdado da *Crítica do Juízo* de Kant (§ 49: "*Espírito*, no sentido estético, significa o princípio vivificador da mente") e que será submetido a uma reelaboração própria (cf. n. 89 e 92).

[62] No texto: *Reflexion*. Termo técnico da filosofia transcendental de Kant e Fichte. O "juízo reflexionante" da *Crítica do Juízo* conduz à descoberta de que "o princípio do gosto é o princípio subjetivo da faculdade de julgar em geral" (§ 35), o livre jogo pré-conceitual das faculdades, no qual Fichte irá buscar, a seguir, a gênese de todos os conceitos. Nos *Estudos de Fichte* n. 284, Hardenberg anotou: "/ Reflexão é um nome muito expressivo /".

[63] Na linha seguinte do manuscrito, Novalis escreveu e depois riscou as palavras: *Der rohe disc.* É um indício de que ele teria pensado em continuar o texto, ou inserir aqui um novo fragmento — que seria o atual n. 13 dos *Fragmentos logológicos* (cf. neste volume: "O pensador rude, discursivo...").

[64] Em alemão: *Nachdenken*, palavra formada a partir de *denken* (pensar), que equivaleria a algo como "pós-pensar" ou "re-pensar".

[65] Novalis escreveu: *Progredibilität*, criando assim uma nova palavra, que em *Pólen* foi corrigida para *Progreszivität*.

[66] Schelling, nas *Cartas sobre o dogmatismo e o criticismo*, já escrevera (5ª Carta): "Nada indigna mais uma cabeça filosófica do que ouvir dizer que, de agora em diante, toda filosofia tem de ficar aprisionada nos grilhões de um único sistema. Nunca esse espírito se sentira maior do que ao ver diante de si a infinitude do saber. Toda a sublimidade de sua ciência consistia

justamente em nunca poder perfazer-se. No instante em que ele próprio acreditasse ter perfeito seu sistema, ele se tornaria insuportável para si mesmo".

[67] "Ideia" é um termo kantiano. Designa o inalcançável objeto do dever, que nunca pode realizar-se. Por isso, no texto, o verbo *sollen*, imperativo incondicional que conduz àquilo que Fichte chamou de "tarefa infinita".

[68] Fragmento incorporado à coletânea de *Athenaeum* (ed. Minor, n. 285), onde porém a palavra "interessante" foi substituída por "significativa". O conceito novaliano de "interessante" será elaborado nos n. 51, 54, 59, e já foi tratado no 34.

[69] No texto: *anrührte*, corrigido em *Pólen* para *anregte* (incitasse).

[70] Em alemão: *Kunstindividuen*.

[71] Incorporado à coletânea de *Athenaeum* (ed. Minor, n. 394).

[72] Esta expressão, tomada de empréstimo à química do século XVIII (juntamente com "afinidades" e "mesclas"), é usada aqui em sentido evidentemente analógico. Em outro texto, empregando-a no sentido próprio, Novalis dá o contexto que permite situar essa analogia (*Borrador universal*, n. 314): "Cada ciência tem seu Deus, que é ao mesmo tempo seu alvo. Assim vive propriamente a mecânica do *perpetuum mobile* — e procura ao mesmo tempo, como seu supremo problema, construir um *perpetuum mobile*. Assim a química com o *menstruum universale* — e a matéria *espiritual*, ou a pedra filosofal. A filosofia procura um princípio primeiro e único. O matemático a quadratura do círculo e uma equação principal. O *homem* — *Deus*. O médico um elixir da vida — uma essência de rejuvenescimento e o perfeito sentimento e manejo do corpo. O político um Estado perfeito — paz perpétua — *Estado livre*".

[73] No texto publicado de *Pólen*, esta última frase recebeu uma versão diferente. A mesma imagem, formulada de outro modo, reaparecerá no 6º Diálogo: a natureza é "grosseira" e "eternamente mostrará às pessoas finas, com bastante presteza, onde ela se senta".

[74] "Impulso" traduz *Trieb*, que foi por muito tempo traduzido equivocamente por "instinto" e hoje pernosticamente por "pulsão". Conceito fundamental da *Doutrina-da-ciência de 1794*, cuja terceira parte ("parte prática") é construída sobre um sistema de *Trieben*, chegando a um "impulso de representação" que fundamenta a parte teórica. Na tradução alemã de Espinosa, é a palavra que traduz *conatus*.

[75] Na linha seguinte Novalis escreveu e depois riscou a palavra *Philosophistisiren*. É o início do n. 15 dos *Fragmentos logológicos* (cf. neste volume), que teria então sido pensado como continuação deste: "Filosofistizar é desflegmatizar — Vivificar...".

[76] Em alemão: *Menschheit*. Cf. nota 60.

[77] Capitólio (em italiano *Campidoglio*) é o nome dado a uma das sete colinas de Roma e aos edifícios aí construídos, onde eram guardados os gansos sagrados de Juno, que salvaram Roma do ataque dos gauleses.

[78] Esta última frase retoma o fragmento 47.

[79] Em alemão: *Die deutsche Hanse*, poderosa confederação mercante que durou do século XII ao século XVI e floresceu no século XIV, exercendo decisiva influência política.

[80] A família Médici, de comerciantes e banqueiros, prosperou em Florença e Toscana desde o século XV, influindo na política e nas artes em toda a Europa. A família Fugger, de banqueiros

alemães, conhecida desde o século XIV, começou a prosperar com Jacob II Fugger, apelidado "o Rico", que viveu de 1459 a 1525.

[81] Os maiores da época, a julgar pela versão de *Pólen*, que em lugar destes nomes diz apenas "os maiores". Seria como se hoje Novalis escrevesse: "os Dinis e os Paes Mendonça".

[82] A mitologia e a civilização da Grécia antiga são revalorizadas na Alemanha através da obra de Johann Joachim Winckelmann (1717-1768), arqueólogo e historiador da arte, que influenciou Goethe e Schiller, pregando a volta à simplicidade clássica, o ideal de equilíbrio, a expressão do "tipo" e não do indivíduo. Além de contribuir para a passagem do rococó ao neoclassicismo, fornece ao romantismo os elementos de uma reinterpretação, cujo modelo é o "Discurso sobre a mitologia", inserido no *Diálogo sobre a poesia* de Friedrich Schlegel.

[83] Gottfried August Bürger (1747-1794), inicialmente influenciado por Klopstock, pertenceu ao movimento *Sturm und Drang* e foi diretor da revista *Musen-Almanach* (*Almanaque das Musas*). Traduziu trechos da *Ilíada*. O metro jâmbico (ou iâmbico) é composto de uma sílaba longa e outra breve.

[84] Alexander Pope (1688-1744), poeta iluminista inglês, autor de *Essay on Criticism* (1711-3) e *Essay on Man* (1732-4), traduziu a *Ilíada* (1715-20) e a *Odisseia* (1725-6) no estilo de seu tempo e editou as obras de Shakespeare em 1725.

[85] As correções no manuscrito indicam hesitação nesta frase. Uma das versões não mantidas dizia: "O entendimento está— ou o Juízo está separado".

[86] Retomada da teoria do chiste, tal como foi delineada no fragmento n. 30.

[87] No texto: *Misotheos*. O neologismo de Novalis se justifica, pois a palavra grega é autêntica.

[88] Uma primeira versão deste fragmento dizia: "Nossa linguagem é quase inteiramente analítica — mecânica — atomística — Deixar-se-ia talvez metamorfosear numa linguagem sintética, orgânica, dinâmica? A linguagem poética deve propriamente ser inteiramente dinâmica". A versão atual está escrita em palimpsesto sobre esse primeiro texto. Cf. também o n. 10 dos *Fragmentos logológicos*: "Nosso pensamento foi até agora meramente mecânico — *discursivo* ..."

[89] Novalis mudou para *Schauhandlung* (ação cênica) a palavra *Schauspiel* (jogo cênico), que havia escrito inicialmente. A esta última palavra foi dada, em sua primeira ocorrência, essa tradução mais literal e analítica, conservando-se, na segunda ocorrência, a tradução usual por "espetáculo". Este parágrafo todo foi omitido em *Pólen*.

[90] No original: *in der Ansicht desselben. Ansicht* é o substantivo do verbo *ansehen*, traduzido na frase seguinte por "considerar".

[91] Sobre a correção de "enteísmo" para "monoteísmo", Friedrich Schlegel escreve a seu irmão August Wilhelm, em março de 1798: No "precioso *Pólen*" de Hardenberg, "sem dúvida nada deve ser mudado, a não ser o gramatical. Deste faz parte também o enteísmo em lugar de monoteísmo". Não há documentação de que Hardenberg tenha sido consultado. Parece entretanto haver uma nuance: "monoteísmo", além de mais historicamente conotado, poderia formular-se: Deus é um só, é único (*monos*), enquanto o "enteísmo", como parece pretender o contexto, diria: um só é Deus. Tanto que a síntese proposta por Novalis como solução seria bem designada pelo termo "panenteísmo".

[92] Em alemão: *Mittelwelt*. Alexander Goede-von Aesch, em seu livro *El Romanticismo Alemán y las Ciencias Naturales* (Espasa-Calpe, 1947, p. 203), faz um comentário interessante a este texto, escrevendo: "Numa carta de 6 de janeiro de 1813, Goethe escreveu a Jacobi:

'Como poeta e artista sou politeísta, mas como homem de ciência sou panteísta, e um de modo tão pronunciado quanto o outro'. Fica fora de dúvida que isto não implica uma duplicidade no mundo de Goethe. Mas parece que não havia nenhuma síntese verbal do panteísmo e do politeísmo em Goethe, que se pudesse comparar com a lograda por Hardenberg quando este definiu o panteísmo como uma religião provida de um número ilimitado de possíveis mediadores, o que, aparentemente, está em contraste com as religiões monoteístas que conhecem apenas um único. Estes muitos mediadores, entretanto, segundo Hardenberg, podem ser considerados como intermediários, de modo que resulta uma pirâmide de mediação, na qual todas as diferentes formas de religião, a saber, o panteísmo, o monoteísmo e o politeísmo, dissolvem-se numa religiosidade comum. O remate lógico deste raciocínio leva à ideia de que cada coisa deve ser mediadora para tudo o que é inferior a ela. Assim, o homem é outra vez o messias da natureza" — como de fato é chamado em *Os aprendizes de Sais*.

[93] O texto usa o estrangeirismo *necessitiren*.

[94] Tríplice, porque passa pelo "mediador".

[95] Os áugures, sacerdotes romanos, vaticinavam a partir do canto ou da trajetória das aves.

[96] Assim Hardenberg translitera a expressão grega, que em *Pólen* aparece em caracteres gregos. Significa "por excelência".

[97] Em *Pólen*, o conteúdo deste fragmento foi dividido em dois fragmentos separados, com interpolações, como na frase: "Um perfeito representante do gênio da humanidade poderia facilmente ser o genuíno sacerdote e o poeta *kat'exokhen*".

[98] Sobre o sentido da palavra "filisteu", na cultura alemã da época, cf. a nota 12.

[99] No texto: *poetisches Septanfieber* — por analogia com a terçã e a quartã.

[100] Em francês no texto.

[101] A palavra *sogenannte* foi acrescentada por sobre a linha no manuscrito.

[102] Em francês no texto, com a grafia *parterre*.

[103] Em francês no texto.

[104] Em vez de "vinculado" (*verbunden*) o texto trazia originalmente "identificado" (*identifizirt*). A primeira versão da frase final era: "Um pensamento empenhado, resistente, persistente, e media a lei e o mero pensamento".

[105] No texto: *Incitation*. Referência ao brownismo, cf. notas 13 e 25.

[106] Em alemão: *einseitige und wechselseitige*.

[107] O texto traz *Capacitaet*, ortograficamente corrigido em *Pólen* para *Kapazität*. A palavra portanto não tem o sentido figurado de "faculdade" ou "aptidão", mas o sentido próprio em que se fala da capacidade de um recipiente — a medida de quanto ele pode conter, de quanto *cabe* nele. *Capax,* em latim, é derivado do verbo *capere*. O que torna esta primeira frase quase um truísmo.

[108] Em latim, no original. Traduzido em *Pólen* para *unächter*. Significando "bastardo, ilegítimo", temos em português a palavra bastante usual: espúrio.

[109] Livre utilização da terminologia de Brown, em que "fraqueza" (*Schwäche*) é sinônimo de "astenia". É preciso "força plástica" para "vivificar" e "dar forma".

[110] A forma original deste dístico é:

Welten bauen genügt nicht dem tiefer langenden Sinne,
Aber ein liebendes Herz sättigt den strebenden Geist.

O uso do verbo *streben* (empenhar-se, esforçar-se) remete diretamente à *Doutrina-da-ciência de 1794* de Fichte, cuja parte prática relaciona o *Streben* com a ideia de "tarefa infinita". Uma ligeira permutação permite a Hardenberg, com sua exacerbada consciência do significante, escrever: *"Sterben* (morrer) é o ato genuinamente filosófico" (*Estudos de Hermsterhuis* n. 35).

[111] O paradoxo envolvido pela ideia dessa "arte da invenção" ou "teoria da invenção" foi formulado por Fichte, numa nota à segunda edição de *Sobre o conceito da Doutrina-da-ciência.* Afirmara na primeira edição que o filósofo precisa do "gênio" ou "sentimento obscuro da verdade" — "em grau não menor que o poeta e o artista". A esperada objeção seria a seguinte: "Pode-se bem deixar a vazia palavra *gênio* para saltimbancos, cozinheiros franceses (...) e para as ciências sólidas estabelecer uma teoria da invenção". Ao que Fichte responderá: "E como essa teoria da invenção seria por sua vez inventada? Acaso através de uma teoria da invenção da teoria da invenção? E esta última?" (I, 73). Neste, e em outros textos, Novalis procura apontar uma solução, futura ao menos, para esse paradoxo.

[112] "Dar forma" e "vivificar", nos termos do fragmento 89, são requisitos para "penetrar a massa".

[113] "Perfeita e acabada" traduzem *vollendete.* Este fragmento está elaborando a ideia kantiana de que o gênio é um "favorito da natureza" (*Günstling der Natur*).

[114] Retomada da ideia fichtiana de *Besonnenheit.* Cf. nota 37.

[115] O termo *typisch* origina-se da *Crítica da razão prática* de Kant, que fala de uma *Típica do Juízo prático puro.* O "tipo da lei moral", que não tem nenhum objeto correspondente na intuição, seria o que é o "esquema" para a lei natural, à qual os objetos da intuição estão submetidos. Por isso, segundo Kant, "é permitido usar a natureza do mundo sensível como *tipo* de uma natureza inteligível", desde que se leve em conta apenas "a forma da legalidade em geral" (A 122-124).

[116] Este texto será retomado e desenvolvido no n. 28 dos *Fragmentos logológicos* (cf. neste volume).

[117] Este "para" (*für*) parece ter sido adequadamente corrigido para "perante" (*vor*) no texto publicado de *Pólen.*

[118] No texto: *Ziel.* Em *Pólen* substituído, por um provável erro de leitura, por *Spiel* (jogo).

[119] Fragmento dividido em dois e separado em *Pólen.*

[120] A expressão latina ("com licença da palavra") é uma ressalva, que não foi mantida no texto publicado de *Pólen.*

[121] O modelo deste uso paradoxal da linguagem matemática é Friedrich Schlegel, que escreveu, no fragmento n. 8 da revista *Lyzeum:* "Um bom prefácio tem de ser ao mesmo tempo a raiz e o quadrado de seu livro". O conceito de *Potenzen* (potências), central na filosofia da natureza de Schelling, é o que poderia autorizar Hardenberg a esse uso, dentro de uma cosmologia fundamentada na entre-expressão.

[122] Claude Adrien Helvétius (1715-1771), filósofo materialista e sensualista ligado ao iluminismo francês. Escreveu *De l'Esprit* (1758) e *De l'Homme, ses Facultés Intellectuelles et son Éducation.*

[123] No n. 633 dos *Estudos de Fichte,* Hardenberg havia anotado: "/Estamos agora apenas no começo da arte do escritor/". Esta observação ocorre no contexto de uma reflexão sobre a

Darstellung (cf. nota 31), investigando se no eu, no sentido fichtiano, haveria uma "faculdade de exposição" e distinguindo os diferentes tipos de exposição (oral, escrita, musical). A conclusão, a respeito da "composição", será então: "O coessencial [a exposição] tem de ser tratado apenas como meio, como conexão — portanto somente este índice que recolhe e conduz adiante deve ser assinalado./ Nenhuma palavra pode ser supérflua".

[124] O próprio Friedrich Schlegel dá a seus escritos o nome de "filosofemas". Numa carta a Hardenberg, de 5 de maio de 1797, ele escrevia ao amigo: "Entretanto parece-me totalmente abaixo da *dignidade* da filosofia praticá-la *a sério*, ou mesmo visar, com ela, algo de utilizável e inteiro. (...) Tu me permitirás, porém, que eu abra os primeiros filosofemas que pretendo enviar ao mundo com *uma carta a ti?* Ali eu poderia falar da maneira mais agradável sobre o todo. No entanto não podes saber de antemão nem o que constará no livro nem na carta introdutória. Jocosos porém hão de ser ambos, e sérios também, e, se têm de sê-lo necessariamente, utilizáveis também".

[125] Os ensaios de Schlegel — *Georg Forster* e *Ueber Lessing* — haviam sido publicados em 1797 no *Lyzeum der schönen Künste*.

[126] Novalis contrapõe a *plus-poesia*, que é objetiva, lúcida *(besonnen)*, bela, e a *minus-poesia*, que é subjetiva, característica, interessante. Que esta pode ser sinônimo de "prosa", é o que indica o fragmento 51 da coletânea *Poesia* (cf. neste volume). É o que explica a expressão "prosaísta lírico", usada a seguir.

[127] No manuscrito lia-se originalmente, em lugar de "prosaísta", "pensador". E o texto dizia: "(...) escreverá epigramas lógicos *sob o título de fragmentos*", indicação valiosa quanto à concepção novalisiana do gênero "fragmento". Em *Poesia* n. 51, Novalis sustentará: "A mais alta, mais autêntica prosa é o poema lírico".

[128] O filósofo holandês Franz Hemsterhuis (1720-1790), do qual Hardenberg estudou as obras: *Lettre sur les Désirs* (traduzida por Herder em 1781), *Lettre sur l'Homme et ses Rapports, Aristée ou de la Divinité, Alexis ou de l'Âge d'Or, Simon ou des Facultés de l'Âme, Lettre de Dioclès à Diotime, sur l'Athéisme*.

[129] No texto: *Emanationssystem*, literalmente "sistema de emanação". O conceito liga-se à tradição da heresia gnóstica e do neoplatonismo.

[130] *Ephraïmiten* era o apelido popular irônico das moedas de prata de pequeno valor postas em circulação na Prússia, na crise econômica da Guerra dos Sete Anos, em alusão a um agiota chamado Veitel Ephraim.

[131] Em alemão: *starck legirt*. No sentido de ser uma *liga* de vários metais.

[132] Escritores filosóficos da época, geralmente seguidores de Kant, como Karl Heinrich Heydenreich (1764-1801), professor em Leipzig, autor de *Carta sobre o ateísmo* (1796), *Homem e mulher, uma contribuição à filosofia sobre os sexos* (1797) etc.; Ludwig Heinrich Jakob (1759-1827), professor em Halle, *Doutrina filosófica do direito* (1795), *Doutrina universal da religião* (1797); Johann Heinrich Abicht (1762-1816), professor em Erlangen, *Sistema de filosofia elementar* (1795), *Novo sistema de uma doutrina filosófica da virtude* (1798).

[133] Pelo fragmento n. 121 se vê que esta palavra foi formada segundo o modelo de "geognosta", designação desusada para "geólogo". Uma formação "geológica" onde se podem reconhecer traços brownianos. Cf. novamente a nota 13.

[134] O texto traz, abreviadamente, *all Litt Zeit*. Literalmente: "Gazeta Universal de Literatura", publicação poderosamente influente na época, porta-voz das ideias dos "filisteus".

[135] Christian Wilhelm Hufeland, médico e mesmerista, o membro mais eminente da Comissão Prussiana de Mesmerismo (fundamentada no "magnetismo animal" descoberto por Friedrich Anton Mesmer), publicou em 1796 o livro *Makrobiotik, oder Die Kunst, das menschliche Leben zu verlängern* (Macrobiótica, ou a arte de prolongar a vida humana). Uma anotação de Hardenberg no *Borrador universal* diz: "Arte de viver — Contra a macrobiótica".

[136] Edmund Burke (1729-1797), político e ensaísta irlandês, um dos líderes dos *whigs*, ligado a Fox, publicou em 1790 suas *Reflexões sobre a Revolução Francesa*. Embora defensor das colônias americanas e dos católicos irlandeses, foi resoluto adversário e crítico da revolução francesa.

[137] Nova referência ao conceito de "astenia" de Brown.

[138] Na carta a August Wilhelm Schlegel, de 24 de fevereiro de 1798, Hardenberg escrevia: "Será que eu poderia visitar com você o poeta do pobre, humilhado *Hermann*? Não, diga-me apenas — se *Hermann* desagradou por toda parte tanto quanto aqui [em Freiberg]. Ainda não o ouvi ser louvado por nenhum ser humano aqui — e a preciosa resenha [escrita por A.W. Schlegel] não causou nenhuma impressão. Foi longa e ininteligível demais para a maioria. O gosto é sim bem parcimoniosamente repartido".

[139] No original: *Statthalter*. A tradução literal por *lugar-tenente* (do latim *locus tenens*) só funcionaria se nos lembrássemos ainda da antiga locução: "*locus tenens sive vice Rex*".

[140] O verbo "exaltar-se" é tradução convencional para *schwärmen,* o verbo que deu origem à palavra *Schwärmerey,* comentada na nota 11.

[141] Antiga designação para "geólogos".

[142] Aurélia, personagem do romance *Anos de aprendizado de Wilhelm Meister*, de Goethe, diz em determinado momento: "É o caráter dos alemães, que eles se tornam pesados sobre tudo, que tudo se torna pesado sobre eles" (Livro IV, cap. 20).

[143] Novalis aplica ao Estado os prefixos *minus* e *plus*, com que costuma referir-se à poesia. Cf. nota 126.

[144] Era comum na época a utilização bastante livre desta expressão de Jean-Jacques Rousseau, *Discours sur l'Origine de l'Inégalité parmi les Hommes* (1755).

[145] Em alemão: *Steckenpferd*, equivalente ao inglês *hobby-horse*. A nota de José Paulo Paes para a tradução de *Tristram Shandy*, a respeito desta palavra, é perfeita e não precisa de nenhum retoque: "No original *hobby-horse,* que significa tanto o brinquedo conhecido entre nós por 'cavalinho de pau' (uma vara de madeira encimada por uma cabeça de cavalo, geralmente de massa) quanto uma distração ou assunto favorito. Nesta última acepção, diz-se comumente apenas *hobby*, palavra que antigamente designava um cavalo vigoroso, de estatura média; a expressão *to ride a hobby*, cavalgar um *hobby*, quer dizer, em sentido figurado, dedicar-se excessivamente a pessoa a um assunto ou passatempo favorito".

[146] No original *Verkörpern*. Substituída em *Pólen* por *Verkürzen* (abreviar), por simples erro de leitura e transcrição.

[147] A palavra "componente" traduz *Bestandtheil*, literalmente "parte constitutiva". Daí o uso da palavra *Glied* (membro). A distinção entre "membro", "parte" e "elemento" é o tema dos fragmentos 119 e 120 de *Fragmentos I* (cf. neste volume).

[148] No texto: *Schärfe des Sinns*. São as mesmas palavras que, aglutinadas, formam o substantivo *Scharfsinnigkeit*, que se traduz por "perspicácia" ou "sagacidade", conforme se imagine o "sentido", cuja acuidade é referida, como sendo a visão ou o olfato.

FRAGMENTOS LOGOLÓGICOS

[1] Retomada do último parágrafo da anotação n. 21 dos *Estudos de Hemsterhuis*, que é um comentário próprio de Hardenberg ("*Von mir*") ao livro *Lettre sur l'Homme et ses Rapports*, do filósofo holandês. O contexto é uma aplicação do conceito fichtiano de "tarefa infinita" (*unendliche Aufgabe*) à questão da filosofia tal como é colocada por Hemsterhuis, enfatizando o "eterno *estímulo*" (*ewigen Reitz*) exercido sobre o homem pela ideia infinita, inalcançável, e que se extinguiria pelo seu alcançamento. A anotação de Hardenberg é a seguinte: "O mais prodigioso, o eterno fenômeno, é *a própria existência*. O máximo mistério é o ser humano para si mesmo — A solução desse problema (*Aufgabe*) infinito, *em ato*, é a História mundial — A História da filosofia, ou da ciência em grande escala, da literatura como substância, contém as tentativas de solução ideal desse problema (*Problem*) ideal — dessa ideia pensada./ Esse estímulo nunca pode cessar de ser estímulo — sem que nós mesmos cessássemos — tanto segundo a coisa, quanto segundo a ideia. Tão pouco, portanto, a História mundial cessa — o ser *en gros* — tão pouco cessará o filosofar, ou o *pensar en gros*. /E se porém até agora não se tivesse filosofado? mas apenas tentado filosofar? — então a História da filosofia até agora não seria nada menos que isso, mas também nada mais que uma história das *tentativas de descobrimento* do filosofar./ Tão logo *se filosofa*, há também filosofemas — e a pura história (ciência) natural dos filosofemas é a *filosofia*".

[2] No n. 35 dos *Estudos de Hemsterhuis*, comentando *Alexis ou de l'Âge d'Or*, Hardenberg refere-se a "um magnífico trecho sobre espírito e letra da filosofia", segundo o qual "a letra é apenas um *auxílio* da comunicação filosófica — cuja essência própria consiste no *re*-fletir (*Nachdenken*) [...] *Ele* [o falante] *pensa* (*denkt*) — e o *outro re-flete* (*denkt nach*)". Segue-se uma primeira versão deste fragmento logológico n. 3. O trecho referido de Hemsterhuis, no diálogo *Alexis* (p. 168), dizia simplesmente: "(...) Mas, nesses casos, cabe àquele que escuta remediar a isso, atendo-se à marcha do intelecto daquele que fala, bem mais que às palavras que ele pronuncia. Por esse meio essas palavras se traduzirão por si mesmas na cabeça daquele que escuta e serão substituídas por signos que lhe serão mais familiares". A importância dada ao trecho se explica pela formação fichtiana de Novalis — a questão fundamental da "exposição" (*Darstellung*) da Doutrina-da-ciência, intrinsecamente ligada à distinção entre o espírito e a letra, como na formulação clássica da *Doutrina-da-ciência de 1794* (I, 284; coleção "Os pensadores"): "A Doutrina-da-ciência é de tal espécie, que não pode ser comunicada pela mera letra, mas exclusivamente pelo espírito; porque suas ideias fundamentais têm de ser produzidas em todo aquele que a estuda pela própria imaginação criadora (...) uma vez que toda a operação do espírito humano parte da imaginação, e a imaginação não pode ser apreendida a não ser por imaginação".

[3] O verbo "refletir" é usado para traduzir *nachdenken*, em alemão uma palavra composta do verbo *denken* (pensar) com o prefixo *nach* (pós) e que no texto está permitindo a exploração conceitual do jogo verbal, já que *nachmachen* ou *nachahmen* têm o sentido de "imitar".

[4] A palavra *Darstellung*, valorizada por Fichte. Cf. nota 31 às *Observações entremescladas*.

[5] O texto correspondente dos *Estudos de Hemsterhuis* (n. 35) prosseguia: "Seguimos o sol, e desprendemo-nos do lugar, que segundo as leis da translação de nosso corpo celeste é envolto por um período de tempo em fria noite e névoa". E acrescentava: "/Morrer é um ato genuinamente filosófico/". A primeira referência à imagem do voo, mais acima, tinha uma versão mais plástica: "(...) preguiçosos ou *inexercitados* — aos quais a *mãe* tem de ensinar primeiro a voar, e a manter-se numa direção determinada".

[6] Retomada do trecho de n. 39 dos *Estudos de Hemsterhuis*: "/Dissolução (*Auflösung*) de um problema — Um problema é portanto (...)".

[7] Em alemão: "*seiner Zeit entwachsene*". A expressão é mais usual referindo-se a uma criança que cresceu e não cabe mais nas roupas: *den Kleidern entwachsen sein*. Figuradamente tem o sentido de "emancipado", mas a imagem é bem a do pensador que cresceu e para o qual seu tempo ficou apertado.

[8] A versão original deste fragmento está nos *Estudos de Kant* n. 49, onde se vê que Novalis está pensando especificamente em Kant — e ilustra a observação com o seguinte exemplo: "P. ex., já agora a prova kantiana contra as coisas em si parece, ao pensador desfamiliarizado com a história filosófica do tempo moderno, bastante supérflua e cansativa".

[9] Em alemão: *Nachdenken*. Cf. nota 3.

[10] Algumas referências ajudariam a definir o uso novaliano, característico, dos termos "místico" e "misticismo". No n. 782 do *Borrador universal*, retomando o tema do fragmento 25 ("Vergonha é bem ...") das *Observações entremescladas*, Hardenberg escreve: "O que é *misticismo* — o que tem de ser tratado *misticamente* (misteriosamente)? Religião, amor, natureza, Estado — / Tudo o que é *seleto* refere-se a misticismo". No n. 788: "O impulso de saber é prodigiosamente mesclado — ou composto — de mistério e saber. [...] (Místico — sagrado — separado — isolado)". Na carta a August Wilhelm Schlegel, de 24 de fevereiro de 1798, enviando o manuscrito de *Pólen*, um primeiro indício de que se trata de um efeito estilístico procurado: "Rogo-lhe novamente [após a leitura dos fragmentos] seu juízo sobre meu misticismo, que é ainda uma coisa muito imatura". No *Borrador universal*, no contexto de uma crítica à retórica do argumento de autoridade, leremos: "Uma autoridade torna uma opinião *mística — estimulante*" (n. 153). No n. 15 da coletânea *Fé e amor*: "O soberano místico não precisa, como toda ideia, de um símbolo?" E finalmente, no n. 161 de *Fragmentos II* (neste volume): "Símbolos são mistificações".

[11] O texto recorre a esse termo do direito romano e feudal, significando "alforria", "libertação", numa nova elaboração do tema do "ato genuinamente filosófico" do primeiro fragmento da *Folha de fragmentos* (cf. neste volume).

[12] Tanto o jovem Schelling (*Sobre o eu, Cartas sobre o dogmatismo e o criticismo*) quanto o Fichte da *Doutrina-da-ciência de 1794* desenvolveram insistentemente a ideia de que o primeiro princípio da filosofia, por ser incondicionado, só pode ser objeto de um juízo *tético*, superior aos analíticos e aos sintéticos e o único capaz de exprimir uma *posição* (*Thesis*) absoluta. Schelling chega a falar, na Quinta Carta, da filosofia que "traz na fronte a chancela da individualidade, pois não pode perfazer-se a não ser *praticamente* (isto é, subjetivamente)" (I, 304).

[13] A expressão *Phil der Phil* ("filosofia da filosofia", assim abreviada no texto), foi introduzida aqui como correção de *WL* (abreviatura usual de *Wissenschaftslehre*, isto é, a Doutrina-da-ciência de Fichte). É em relação a esta que se situa conceitualmente o problema da exposição (*Darstellung*). Já Fichte designava habitualmente sua filosofia também como "ciência das ciências" ou "saber do saber". Hardenberg, com seu procedimento de usar fórmulas de potenciação para designar a autorreflexão, irá mesmo rebatizá-la criando uma nova palavra: *logologia*. Cf. o fragmento n. 43 de *Poesia* (neste volume) e o título da presente coletânea.

[14] A palavra *Aufgabe*, que está no texto, significa ao mesmo tempo "tarefa" e "problema". Cf. também nota 1.

[15] Compare-se este fragmento com o n. 70 das *Observações entremescladas*, onde a mesma dicotomia (com exceção da oposição "discursivo/intuitivo", evidentemente) é aplicada à

nossa linguagem. O fragmento n. 13, que é na verdade uma pequena dissertação, desenvolverá extensamente esta observação.

[16] O verbo *fichtisiren* (que se escreveria hoje, ortograficamente, *fichtisieren*) é uma criação de Novalis.

[17] O modelo desta pequena dissertação é o último capítulo da *Metodologia transcendental* da *Crítica da razão pura* de Kant, que se chama "História da razão pura". Do ponto de vista de uma razão que se tornou consciente de si pelo processo da autorreflexão, torna-se possível uma leitura retrospectiva do passado da filosofia, que Novalis definiu no fragmento n. 1 como "história das tentativas de descobrimento do filosofar".

[18] A palavra "exaltação" é tradução convencional de *Schwärmerey*. Um termo comentado na nota 11 às *Observações entremescladas*. "Delírio", em alemão, é *Wahnwitz*.

[19] Referência direta à síntese da imaginação, da *Doutrina-da-ciência de 1794*. O texto clássico de Fichte diz: "A imaginação não põe em geral nenhum limite fixo; pois ela própria não tem nenhum limite fixo (...). A imaginação é uma faculdade que oscila no intermédio entre determinação e não-determinação, entre finito e infinito (...). Justamente esse oscilar designa a imaginação por seu produto; ela o produz como que durante seu oscilar e por seu oscilar./ Esse oscilar da imaginação entre não-unificáveis, esse seu conflito consigo mesma é aquilo que, como se mostrará a seu tempo, estende o estado do eu nesse conflito a um momento *temporal*" (I, 216-7). O primeiro resultado disso, de acordo com a Doutrina-da-ciência, é a *intuição*. A palavra alemã é *Schweben*.

[20] No texto: *Selbstincitirende*. O uso do estrangeirismo indica a referência ao brownismo. Comentado na nota 13 às *Observações entremescladas*.

[21] No texto se lê: *vivificirt*. Novalis não usou aqui, como costuma fazer, o verbo alemão *beleben*. Talvez tivesse lido ou relido o antigo escrito pré-crítico de Kant, *Sobre a verdadeira avaliação das forças vivas* (1746), que acabava de ser reeditado no volume *Pequenos escritos* (*Kleine Schriften*). Ali, no § 123, respondendo à pergunta "O que é vivificação", Kant escreve: "Aquele estado, em que a força do corpo ainda não está viva, mas progride para isso, eu denomino *Lebendigwerdung* ou *Vivifikation*". E pergunta, na sequência: "Se a vivificação cessasse, antes de ter-se tornado completa, que ocorreria então com o movimento?" O texto de Novalis, embora de forma analógica, também fala de uma *Vivifikation* incompleta.

[22] Em alemão a frase é: *Philosophistisiren ist dephlegmatisiren — Vivificiren*. Ligado ao n. 61 das *Observações entremescladas*, que fala em *dephilosophiren*: retirar (ou, aqui, acrescentar) a algo seu "ingrediente filosófico". "Desflegmatizar" vem do grego *phlegma*, que significa "inflamação", "combustão". O verbo *vivificiren* foi comentado na nota anterior.

[23] Uma versão anterior, que foi corrigida, dizia: "Os conceitos lógicos relacionam-se porém consigo mesmos, como a *palavra* com o *sentido*".

[24] A expressão *sein Wesen treiben*, usada no texto, significa correntemente: "fazer das suas", "dar vazão à sua natureza". Porém o texto está tomando a sério a palavra *Wesen* (essência) em seu sentido próprio.

[25] A expressão "inspiração chistosa" traduz aproximadamente *witziger Einfall — Einfall* designando um pensamento ou ideia que nos ocorre subitamente (que nos assalta), especialmente quando dotada de qualidade "espirituosa"; *witzig* o adjetivo de *Witz* (chiste; cf. nota 50 às *Observações entremescladas*). A locução inteira é uma frase feita, podendo significar simplesmente "gracejo". Novalis a usa, também em sentido sofisticado, no fragmento 58 das *Observações entremescladas*. Este fragmento logológico relaciona-se com um trecho da carta a A.W. Schlegel, de 24 de fevereiro de 1798: "Futuramente não cultivo nada, a não ser poesia — as ciências têm de ser

todas poetizadas — dessa poesia real, científica, espero falar muito com você. Um pensamento capital para isso é a ideia de religião em meus fragmentos".

[26] O texto usa o verbo *streben* (empenhar-se, esforçar-se), com sua conotação fichtiana de "tarefa infinita", impossível e necessária, "aproximação finda do infinito".

[27] No original: *Nachdenken*. Cf. nota 3. A distinguir do conceito de *Reflexion* da filosofia transcendental de Kant e Fichte, comentado na nota 62 às *Observações entremescladas*.

[28] No texto: *setzt*, correção de *sucht* (busca).

[29] Em lugar de "mundos separados", Hardenberg havia escrito inicialmente apenas *W*, provavelmente abreviatura de *Welten* (mundos).

[30] Transliteração da expressão grega, que significa "por excelência".

[31] Em lugar de "vida ideal", a primeira versão era: "filosofia ideal de vida".

[32] A primeira versão dizia simplesmente: "suas esperanças mais antigas se tornaram profetizações".

[33] A versão anterior dizia "O conflito" (*der Widerstreit*), usando o verbo correspondente *vermittelt* (mediado), em lugar de *gehoben* (removido).

[34] O texto traz: "*der ursprünglichen Aufgabe — der Aufgaben*", jogando com o duplo sentido da palavra *Aufgabe*. Outra leitura possível seria: "da originária tarefa das tarefas", tomando a repetição como fórmula de potenciação.

[35] Uma versão ligeiramente modificada deste fragmento, sob o n. 27, é o primeiro da segunda parte dos *Fragmentos logológicos*.

[36] Em lugar de "as demais", Hardenberg havia escrito "as costumeiras".

[37] Fórmula transcrita literalmente da *Primeira introdução à Doutrina-da-ciência* de Fichte: "Algumas de nossas representações são acompanhadas do sentimento de liberdade, outras do sentimento de necessidade (...). Mas é certamente uma pergunta digna de reflexão: qual é o fundamento do sistema das representações acompanhadas do sentimento de necessidade, e desse próprio sentimento de necessidade?" Segundo Fichte, a resposta a essa questão define "a tarefa da filosofia".

[38] O texto usa a palavra *Factum*, remetendo diretamente à *Doutrina-da-ciência de 1794*, onde o primeiro *Faktum* aparece à consciência através da síntese da imaginação (I, 219-221). Também o uso do verbo *darthun*, significando "demonstrar", e a própria construção da frase remetem a fórmulas frequentes em Fichte.

[39] A primeira versão, em lugar de "superior", dizia "a Doutrina-da-ciência *invertida*" (*die verkehrte WL*). De fato a frase seguinte, posteriormente riscada, inverte a relação entre a "parte teórica" e a "parte prática" da Doutrina-da-ciência fichtiana.

[40] Esta frase resulta de uma correção, pela qual os adjetivos "prática" e "teórica" foram trocados de posição.

[41] A primeira versão era: "uma solicitação *do* eu efetivo".

[42] A expressão "tomar consciência" está traduzindo *sich besinnen*, que também pode significar "voltar a si", e dá origem à palavra *Besonnenheit*. Cf. nota 37 às *Observações entremescladas*.

[43] Palavra inventada no século XVII pelo teólogo inglês Ralph Cudworth (1617-1688; no livro *True Intellectual System of the Universe*). Formada a partir de *hýle* (matéria) e *zoè* (vida), para

designar a doutrina, atribuída aos pré-socráticos, de uma matéria originária, dotada de vida autônoma, não necessitando de um princípio externo (intelecto, espírito) para movê-la e ordená-la.

[44] No texto: *"Materie der Stoff."* Duas palavras sinônimas em alemão, para as quais temos um termo só.

[45] Franz Xaver von Baader (1765-1841), filósofo naturalista e místico, que influenciou também Schelling na época da "filosofia da natureza". Admirador de Herder, propunha a substituição da física matemática, dessacralizadora, por uma interpretação orgânica e simbólica da natureza.

[46] August Ludwig Hülsen (1765-1810), colaborador da revista *Athenaeum*, aluno e amigo de Fichte. Friedrich Schlegel, num fragmento do *Lyzeum*, confere a ele sua "ordem da ironia" (na expressão irônica de Rudolf Haym), declarando que sua ironia, por originar-se da "filosofia da filosofia", ainda suplantaria a de Hemsterhuis e a de Lessing.

[47] Referência à situação política francesa após a revolução. O Diretório, Poder Executivo, fora criado pela Constituição do ano III (agosto de 1795) e era constituído por cinco *directeurs*, que nomeavam os ministros e os generais. A expressão *gardien de la Constitution* está em francês no texto.

[48] No texto: *selbstgesetzmäszig*, uma correção da palavra escrita inicialmente, que era simplesmente *regelmäszig* (regular).

[49] A palavra *eigne* (própria), escrita por sobre a linha no original.

[50] No livro de Baader, *Beytrage zur Elementar-Phisiologie* (*Contribuições à fisiologia elementar*, 1797, p. 23), lemos: "Essa *unificação* [*Einung*] das forças, de que fala esta proposição, advém meramente através de *articulação* [*Gliederung*; derivado de *Glied*, membro]; i. e. *através de uma repartição sistemática das funções individuais* (uma *division of labour*) (...). Ora, como articulação só é possível a partir de *um único* princípio, sistematicamente, como além disso o atravessar de uma multiplicidade requerido para isso não pode ocorrer no sentido externo (no espaço *per Juxta positionem*) mas somente no interno (na unidade temporal *per Intus suceptionem*), o primeiro ponto nos garante a *racionalidade* da natureza como formadora (sua perceptibilidade), assim como o último um interior único, análogo à nossa matéria sensorial interna, em toda formação corpórea".

[51] Repetição, levemente modificada, do fragmento 20.

[52] Versão mais desenvolvida do fragmento n. 95 das *Observações entremescladas*. Vê-se aqui que o modelo conceitual é o da "alternância" (*Wechsel*), que se liga à *determinação recíproca* de Fichte.

[53] Uma anotação de leitura, da resenha publicada na *Jenaer Allgemeine Litteratur-Zeitung* (Gazeta Literária Universal de Jena), 4 de janeiro de 1798, p. 33 e ss. Apenas o título "Profetismo metódico" é original de Novalis.

[54] Novalis interrompe sua anotação na palavra "nada", deixando em suspenso o restante da frase. A frase foi completada, na edição crítica, com base no texto da resenha, com as palavras: "(...) ocorre, a não ser a possibilidade da ação livre, que se chama lei moral".

POESIA

[1] Novalis escreveu, depois riscou, as primeiras palavras deste fragmento no início do n. 5 dos *Fragmentos logológicos*. Teria pensado, na ocasião, em reservá-lo para uma nova série — esta,

a que deu o sobrescrito de "POESIA". A fonte do presente fragmento é o n. 32 dos *Estudos de Hemsterhuis*. Ali, Hardenberg comenta o seguinte trecho do diálogo *Alexis ou de l'Âge d'Or* (p. 153): "Não é a *história* que relata os fatos; a *filosofia* que os desemaranha e neles põe ordem e elegância? E qual é, em sua opinião, o terceiro? — Você quer dizer a *poesia*? — Sim; *e é ela que orna e enriquece as outras duas*, se é que você acha minha comparação bastante justa". Hardenberg toma nota desse texto, desenvolvendo-o, da seguinte maneira: "História — filosofia — e poesia — A primeira cria — A segunda ordena e explica — A terceira eleva cada indivíduo através de estreme contraste com o todo restante, e se a filosofia, através da formação do todo exterior, ou através da *legislação*, torna possível a poesia *perfeita*, assim a poesia é como que o fim da mesma, através da qual unicamente ela adquire significação e vida airosa — pois a poesia forma a *bela* sociedade, ou *o todo interior* — a família mundial — a bela economia doméstica do universo — Assim como a filosofia, através de sistema e Estado, emparelha *as forças* do indivíduo com as *forças* do todo cósmico e da restante humanidade, e as reforça — faz do todo o órgão do indivíduo e do indivíduo o órgão do todo — Assim a poesia — a *respeito da fruição* — O todo é o objeto da fruição individual e o indivíduo o objeto da fruição total. Através *da poesia* torna-se efetiva a suprema simpatia e coatividade — a mais íntima, mais magnífica comunidade. /Através da filosofia — possível/". E acrescenta: "A genuína fruição poética — fortalece — em lugar de, como a costumeira, enfraquecer". A principal indicação, aqui, da evolução do pensamento de Hardenberg é tácita: é a substituição de *fruição* (em alemão: *Genuss*, tradução do termo *jouissance* de Hemsterhuis) por *vida* (*Leben*).

[2] Esta fórmula sustenta-se na mesma imagem (gravitação, concentricidade) que aparece no n. 59 das *Observações entremescladas* (sobre o "impulso de sociedade"), sugerindo que o fragmento seja lido naquele contexto.

[3] Tendo como eixo o juízo de *gosto*, a *Crítica do Juízo* (estético) de Kant pode ser considerada, do ponto de vista especificamente estético, como uma teoria da recepção e da contemplação, e não da criação, inscrevendo-se na mesma linhagem de Lessing (Gotthold Ephraim Lessing; 1729-1781), descrita por Pierre Grappin (*La Théorie du Génie dans le Prèclassicisme Allemand*, 1952): "Lessing não consagrou nenhuma obra nem mesmo um fragmento ou uma resenha à questão da criação literária; sua estética tem uma orientação diferente: a psicologia do artista interessa-lhe muito menos que a do espectador". Novalis, que já no fragmento 31 desvincula a poesia do contexto da fruição (cf. nota 1), adota aqui explicitamente a orientação oposta à desses dois autores.

[4] Hardenberg teve a oportunidade de ler na recém-publicada *Sit-tenlehre* de Fichte (*Sistema da ética segundo princípios da Doutrina-da-ciência*; 1798) o parágrafo 31, chamado "Sobre os deveres do artista estético", onde se encontra esta bela página: "A bela arte não forma, como o douto, apenas o entendimento ou, como o educador popular moral, apenas o coração; forma o ser humano inteiro, unificado. Aquilo a que ela se dirige não é o entendimento, nem é o coração, é a mente toda, na unificação de suas faculdades; é um terceiro termo, composto de ambos. Não se pode talvez exprimir melhor o que ela faz, que ao dizer: *ela faz do ponto de vista transcendental o comum.* — O filósofo eleva-se e aos outros a esse ponto de vista com trabalho, e segundo uma regra. O belo espírito está nele, sem pensá-lo determinadamente; não conhece nenhum outro; e eleva aqueles que se abandonam a sua influência tão despercebidamente até ele, que eles não tomam consciência da passagem. / Vou ser mais claro. Do ponto de vista transcendental o mundo é feito, do comum ele é dado: do estético ele é dado, mas somente segundo a perspectiva como é feito. O mundo, o mundo efetivo dado, a *natureza*, pois só dele falo — tem dois lados, é produto de nossa limitação; é produto de nosso agir livre, entende-se, *ideal* (não de nossa eficácia real). Na primeira perspectiva é ele mesmo por toda parte limitado: nesta última por toda parte livre. A primeira

perspectiva é comum; a segunda é estética" (IV, 353-4). Novalis comenta essas ideias, desenvolvendo-as, ao concluir que o artista *é* transcendental (ou existe transcendentalmente) *por inteiro* (*durchaus*).

[5] Termo criado por Novalis, a partir da palavra grega *lógos*, para designar a nova filosofia tornada possível pela descoberta fichtiana da reflexibilidade (*Reflexibilität*) absoluta do saber. Equivalente à locução "filosofia da filosofia", em que a reflexão transcendental é interpretada como potenciação. Ver nota 13 aos *Fragmentos logológicos*.

[6] No contexto do fragmento n. 70 das *Observações entremescladas*.

[7] Esta expressão (*ohne ihr Wissen*), designando a ausência de *Besonnenheit*, é característica de Fichte, exatamente nesse mesmo contexto: todos os filósofos até agora, movidos pelo obscuro sentimento da verdade, visavam, sem saber, a descoberta da Doutrina-da-ciência.

[8] Referência a duas tragédias de Sófocles; a primeira data de 401 a.C., a segunda de 409 a.C.

[9] No texto: *in der That*, que se traduziria correntemente por "de fato", "na realidade". Mas a locução é empregada com a consciência etimológica que a liga ao verbo *tun* ("fazer", no sentido de agir).

[10] Isto é, um sistema codificado (uma "gramática") das figuras de linguagem (*tropos*).

[11] Referência à oposição plus-poesia/minus-poesia, comentada na nota 126 das *Observações entremescladas*.

[12] A unificação por alternância ("determinação recíproca") é o operador conceitual mais central da Doutrina-da-ciência de Fichte. A "síntese da imaginação" é quíntupla, por operar uma alternância superior entre duas alternâncias subalternas. Assim, em Novalis, a futura unificação ideal entre prosa e poesia é pensada com a mesma complexidade. O tema será desenvolvido numa carta a August Wilhelm Schlegel, cuja tradução está incluída neste volume.

[13] Hardenberg escreve *Jänner* em vez de *Januar* (janeiro), fiel a seu dialeto de origem. Por alguma razão, o editor crítico alemão acrescenta, entre colchetes, que se tratava de uma sexta-feira (*Freitag*).

[14] Esta irmã dos irmãos Schlegel se chamava Charlotte Ernst.

[15] Referência à resenha de A.W. Schlegel do romance *Hermann und Dorothea*, de Goethe. Referida também na nota 138 das *Observações entremescladas*.

[16] Uso analógico do conceito de *Phlogiston*, em voga na ciência da época, relacionado com as questões da eletricidade e do magnetismo animal. Assim como o éter, o flogisto era uma hipótese que gozava de dignidade científica. Hardenberg usa o verbo *dephlogistisieren* no sentido de "desinflamar". A fruição é tornada consciente, elevada a conhecimento.

[17] No texto: *Besonnenheit*. Termo comentado, especialmente, na nota 37 das *Observações entremescladas*.

[18] A palavra *Bildung*, traduzida agora, convencionalmente, por "cultura", já foi traduzida outras vezes por "formação". Derivada do verbo *bilden*, "formar", "plasmar".

[19] Aqui, "mais primitiva" traduz o adjetivo (superlativo) *frühste*, que duas linhas atrás foi traduzido por "mais precoce".

[20] O termo alemão é: *Wechselvollendung*. O sentido dessa reciprocidade (ou "alternância") é "um perfaz o outro".

[21] Mais uma vez, em alemão: *Bildung*.

[22] A locução "dotado de reflexão" procura traduzir *nachdenkenden*, termo já comentado, por exemplo, na nota 3 aos *Fragmentos logológicos*.

[23] Na primeira ocorrência, o texto traz o estrangeirismo *fixiren* e, na segunda, o termo vernáculo *festhalten* (literalmente, manter firme).

[24] Problema, no texto, é *Problem*. Mas o termo "aproximação" (*Annäherung*) já indica que o que está em questão é uma *Aufgabe* ("tarefa" ou "problema", indiferentemente), infinita no sentido fichtiano. Que só estaria solucionada por uma "aproximação finda do infinito".

[25] Geometria, no texto alemão, se diz: *Messkunde* (ciência da medida). Alusão à relação entre geometria e agrimensura.

[26] No sentido de "ritmo do romance", "romanesco".

[27] Referência à revista *Athenaeum*, anunciada pelos irmãos Schlegel, e que viria a ser anunciadora do Romantismo na Alemanha.

[28] August Wilhelm Schlegel era casado com Caroline, que viria a ser mulher de Schelling e tinha, de um primeiro casamento com o Dr. Böhmer, a filha Auguste. Seu nome de solteira era Caroline Michaelis. Foi amiga constante e correspondente de Hardenberg.

POETICISMOS

[1] Gotthold Ephraim von Lessing (1729-1781), considerado um precursor do Iluminismo, divulgador de Diderot na Alemanha, escreveu: *Minna von Barnheim* (1767), *Dramaturgia de Hamburgo* (1767-9), *Emilio Galotti* (1772), *Natã o Sábio* (1779) e *A educação do gênero humano* (1780).

[2] No fragmento 51 das *Observações entremescladas*, Novalis elabora uma distinção entre "o interessante" e "o clássico", correspondente à sua oposição entre minus e plus-poesia.

[3] Friedrich Gottlieb Klopstock (1724-1803), poeta e dramaturgo, cujo poema épico *Messíada* (1748) é citado por Goethe como um dos primeiros encantamentos literários de sua infância (*Poesia e verdade*, livro II): lia-o escondido do pai e admirava "os sentimentos piedosos expressos com tanta naturalidade e nobreza, a linguagem encantadora, ainda que para muitos não fosse mais que uma prosa harmoniosa".

[4] Esta oposição entre *Trauerspiel* e *Lustspiel* pertence ao contexto dos fragmentos 123 e 124 das *Observações entremescladas*.

FRAGMENTOS I E II

[1] Que seria a ciência (ou, hoje, tecnologia) de exploração de salinas, ou minas de sal. Referência à profissão de Hardenberg, que era assessor de salinas. Muitos "fragmentos" desta coletânea são como este: na verdade simples anotações (ou títulos) para futuro desenvolvimento.

[2] No texto: *Formationen*. Termo técnico da *geologia*. Fala-se por exemplo em formação terciária, quaternária.

[3] A palavra "questão" traduz *Frage* (que também pode traduzir-se por "pergunta"); "problema" traduz *Aufgabe,* que também significa "tarefa".

[4] Em alemão: *Verwandlung*, que também se traduz, por "metamorfose" (como no título da novela de Kafka) ou por "transmutação".

[5] Os dois verbos usados aqui — *vernehmen* e *verstehen* — são, bem a propósito, os que estão na origem das palavras, respectivamente, *Vernunft* (razão) e *Verstand* (entendimento).

[6] Este fragmento remete ao n. 26 (*Fragmentos logológicos I*). Cf. também a nota correspondente.

[7] Em francês, no manuscrito.

[8] Texto corrigido, no manuscrito, por sobre uma primeira versão que dizia: "O primeiro beijo dessa aliança sempre crescente é o começo da filosofia".

[9] No original: *Vollziehung*, substantivo do verbo *vollziehen*, que significa, além de "cumprir", "efetuar", "executar", "consumar". Também se diz, em português, "consumar o matrimônio".

[10] No original: *popularisirt*. Pelo uso desse estrangeirismo, Novalis adverte para o contexto, que é o fragmento 47 das *Observações entremescladas*, onde se lê: "Genuína *Popularität* é o alvo supremo do ser humano".

[11] Charles Bonnet (1720-1793), poeta e naturalista suíço, adepto do preformismo, autor de um *Tratado de insetologia* (1745), de *Considerações sobre os corpos organizados* (1762) etc., teve seu livro *Palingenesia filosófica* traduzido para o alemão em 1770 (*Herm C. Bonnets Philosophische Palingenesie*, trad. por J. C. Lavater), onde se lê (cap. 21, p. 69): "Entre todas as aptidões da alma a atenção é a que mais merece ser elaborada. Ela é, na minha expressão, a mãe do gênio".

[12] Referência à canção *An Chloe* (A Cloé), escrita por Johann Georg Jacobi, que começa com os versos: *Wenn die Lieb aus deinen blauen, hellen, offnen Augen sieht* ("Quando o amor olha por teus olhos azuis, claros, abertos"). Na obra de Mozart, tem o n. 524; composta em 24 de junho de 1787.

[13] Referência a uma passagem do *Wilhelm Meister* de Goethe, (livro VII, cap. 3). Ao ouvir Lothario dizer: "Na América eu acreditava atuar, por sobre o oceano eu acreditava ser útil e necessário; se uma ação não era circundada de mil perigos, não me parecia significativa, não me parecia digna. Como vejo agora diferentemente as coisas, e como se tornou para mim o próximo tão valioso, tão caro!", Jarno responde: "Lembro-me bem da carta, que ainda recebi em alto-mar. Escreveram-me: 'Retornarei, e em minha casa, em meu jardim, em meio aos meus, direi: Aqui ou em lugar nenhum é a América!'".

[14] Novalis parece estar-se referindo ao fragmento de Schlegel (*Athenaeum*, ed. Minor, n. 298): "Os ortodoxos entre os kantianos procuram em vão encontrar em Kant o princípio da filosofia deles. Esse princípio está nos poemas de Bürger [cf. nota 83 das *Observações entremescladas*] e diz: 'Uma palavra de imperador não se deve distorcer nem sofisticar'". Mas também pode estar pensando no epigrama *Kant e seus intérpretes*, da coletânea *Xenien*, de Goethe e Schiller, que seria: "Como um único rico dá de comer a tantos mendigos! Quando os reis constroem, os carreteiros têm o que fazer".

[15] Friedrich Forberg (1770-1848), colaborador da revista filosófica (*Philosophisches Journal*), dirigida por Fichte e Niethammer, publicara nessa revista, em 1797 (v. VI, caderno 1), a primeira parte de seu artigo "Cartas sobre a novíssima filosofia". A seguir, na mesma revista (v. VIII, caderno 1), viria a publicar o artigo "Desenvolvimento do conceito de religião", que foi o estopim da chamada "querela do ateísmo" (*Atheismusstreit*).

[16] Frase escrita no centro da página e sublinhada. O editor alemão supõe que Hardenberg a cogitou como título para os fragmentos seguintes. De qualquer modo, foi depois riscada.

[17] Além do contexto evidente do fragmento n. 74 (sobre o "autoamplexo") e dos n. 21 e 22 dos *Fragmentos logológicos* (sobre a "autointerpelação") — há uma observação dos *Fragmentos e estudos 1799-1800* (n. 172) que situa com clareza essa versão novaliana da autoposição do eu, do "eu = eu" de Fichte, entendida como duplicação: "Um verdadeiro *amor* por uma coisa sem vida é perfeitamente pensável — e também por plantas, animais, pela natureza — até por si mesmo. Se o ser humano tem um verdadeiro tu interior — nasce então um convívio sumamente espiritual e sensual e a mais veemente paixão é possível — Gênio nada é, talvez, senão resultado de um tal plural interior. Os mistérios desse convívio são ainda muito pouco iluminados".

[18] Em francês — e com essa grafia — no original.

[19] No original: *sich zu stimmen*. Isto é, entrar na tonalidade afetiva — *Stimmung* — correspondente. Sobre o uso desse termo em Novalis, cf. a nota 40 das *Observações entremescladas*.

[20] Dois poemas épicos: o primeiro, exemplo de "poesia no todo", de Goethe (publicado em 1797); o segundo, de Johann Heinrich Voss (1751-1825), um discípulo de Klopstock (publicado em 1783 e republicado em versão ampliada em 1795).

[21] Uso analógico da teoria do flogisto, já comentado na nota 16 da *Poesia*. Este fragmento inspira-se numa observação de Friedrich Schlegel (n. 257), do conjunto de nome *Zur Physik* (Contribuição à Física): "A *figura feminina* é totalmente flor e fruto — o cálice da flor e do fruto predomina em seu corpo. A organização mais angulosa do homem é talvez mais mineral". Novalis, em seus *Fragmentos físicos*, sob o título "Papéis de Schlegel", comenta: "O homem é mais mineral — a mulher mais vegetal".

[22] Referência à teoria do médico bolonhês Luigi Galvani (1737-1798), cujas experiências com as contrações provocadas pela eletricidade em rãs mortas conduziram à hipótese da "eletricidade animal" ou "corrente galvânica". O termo "galvanismo" foi criado por seu adversário Alessandro Volta (1745-1827), que pela retificação de suas experiências chegou à invenção da pilha elétrica.

[23] Em francês no original. Hardenberg escrevera antes: *a trois*. O físico Johann Wilhelm Ritter (1776-1810), também influenciador de Schelling, publicou em 1798 o artigo *Demonstração de que um constante galvanismo acompanha o processo vital no reino animal*, sustentando que as condições do processo galvânico (p. ex. a presença *de pelo menos três* substâncias qualitativamente diferentes) em nenhuma parte são encontráveis com mais frequência e completude que no corpo animal vivente, de modo que cada parte deste pode ser considerada como um sistema de infinitas correntes galvânicas infinitamente pequenas. Extrai disso uma série de consequências, inclusive médicas. Hardenberg transpõe essa hipótese para o plano da consciência e da vida espiritual, naturalmente nos moldes de seu próprio método analógico, como ficará explícito no fragmento n. 126.

[24] No original: *Sokratie*. Palavra inventada por Novalis. Friedrich Schlegel, num fragmento do *Lyzeum* (n. 42), falava da "sublime urbanidade da musa socrática". A ligação da ironia socrática com a *Besonnenheit* (clareza de consciência), segundo Schlegel e Novalis, já foi tratada na nota 57 às *Observações entremescladas*.

[25] Esta frase foi acrescentada sobre a linha no manuscrito, ligando diretamente este fragmento ao anterior. Ao introduzir e definir aqui o verbo *romantisieren*, Novalis está elaborando a autocompreensão do Romantismo.

[26] Era a língua falada pelo povo de Roma, por oposição à *língua latina*, o latim literário culto. A partir dela, na Idade Média, desenvolveu-se o romance. Novalis explora largamente esse

parentesco entre "romano", "românico", "romança", "romance", na elaboração do conceito de Romantismo.

[27] As teorias do médico escocês John Brown (1735-1788), expostas em seu *Sistema da arte de curar* (tradução alemã: 1796), já foram comentadas na nota 13 das *Observações entremescladas*. Consistiam em definir a saúde como relação harmoniosa, "bem temperada", entre o estímulo e a excitabilidade (ou irritabilidade), equilíbrio entre os dois males opostos, a astenia e a estenia.

[28] A expressão "sem dúvida" (*ohne Zweifel*), no manuscrito, foi sublinhada a lápis.

[29] A palavra *wunderliche* (extravagante) foi escrita, no manuscrito, sobre a palavra *groteske* (grotesca), mas esta última não foi riscada.

[30] Em lugar de "trabalhos" (*Arbeiten*), Hardenberg escrevera antes *Operationen* ("operações").

[31] A palavra *Magie*, que está no texto, é correção de *Magismus* ("magismo").

[32] Por indicação do contexto, o verbo *fühlen* (sentir) foi traduzido aqui por "pressentir". Seria o *sentir* do *sentimento* (*Gefühl*), e não o sentir (*empfinden*) através dos *sentidos* (*Sinne*), já que a hipótese básica é a da "privação de sentidos". Entretanto convém notar que *Gefühl*, no seu primeiro sentido de "tato", é também um dos sentidos excluídos por hipótese logo de início: "Fôssemos cegos, surdos e *fühllos* (...)".

[33] A palavra "interior" (*innern*) foi acrescentada por sobre a linha no manuscrito.

[34] "Também", porque na *Doutrina-da-ciência de 1794* Fichte já havia mostrado a gênese dessas três "modalidades" do eu e procurado indicar "o verdadeiro ponto de unificação entre o eu absoluto, prático e inteligente" (SW, I, 271).

[35] Em alemão: *Potenz*. Além do sentido matemático de "potenciação", esta palavra está comprometida com as investigações natur-filosóficas e ontológicas de Schelling, em que o conceito de *Potenz* é um operador central.

[36] Esta palavra está traduzindo *Erregbarkeit,* que Novalis costuma usar para referir-se ao contexto browniano (cf. nota 27). Usada correntemente como sinônimo de *Reitzbarkeit* (sistematicamente traduzida, neste volume, por "excitabilidade"), ambas como tradução e germanização do conceito de "irritabilidade", de Brown. Para indicar que Novalis não usa os dois termos indiferentemente, tome-se o seguinte trecho de uma observação (n. 437, intitulada "Fisiologia matemática") do *Borrador universal*: "Receptividade para estímulos (*Reitze*) *grandes* — para *pequenos* — para ambos *ao mesmo tempo* — síntese de *mobilidade* e *capacidade*. Quanto maior a suscitabilidade, se com esse nome queremos referir a síntese — dessa *faculdade de medida* — tanto mais perfeita a constituição./ Decomposta, consiste a suscitabilidade em sensibilidade e excitabilidade — ou mobilidade e capacidade".

[37] Temos aqui o contexto do fragmento n. 13 das *Observações entremescladas*. Uma indicação de como Novalis faz frutificar o conceito fichtiano, rigorosamente entendido, de "alternância" (*Wechsel*) ou "determinação recíproca" (*Wechselbestimmung*).

[38] Essa convicção é uma herança da filosofia transcendental de Kant, através de Fichte. E que viria a ser magistralmente formulada por Fichte, na primeira preleção de sua *Doutrina-da-ciência de 1804*: "Ora, pode cada qual, se apenas quiser tomar consciência [*sich besinnen*], notar que pura e simplesmente todo ser põe um *pensar* ou *consciência* dele: que portanto o mero ser é sempre uma das metades em relação a uma segunda, o pensar dele, portanto membro de uma disjunção originária, e de nível superior, a qual somente se desvanece para quem não toma consciência e pensa superficialmente. A unidade absoluta portanto pode tão pouco estar no ser, quanto na consciência contraposta a ele; tão pouco ser posta na coisa, quanto na

representação da coisa; mas no princípio, que acabamos de descobrir, da absoluta *unidade* e *inseparabilidade* de ambas, que ao mesmo tempo, como acabamos de ver, é o princípio da *disjunção* de ambas; e que iremos denominar *saber puro*, saber em si, portanto saber de absolutamente nenhum objeto, porque nesse caso não seria saber *em si*, mas para seu ser precisaria ainda da objetividade; por oposição à *consciência*, que sempre põe um ser, e por isso é somente uma das metades" (NW, II, 95-6).

[39] Membros de uma irmandade religiosa, derivada do pietismo, fundada por Nikolaus Ludwig von Zinzendorf (1700-1760), na comunidade de Herrnhut (Lausitz); de orientação teocrática, comunitária e patriarcal.

[40] *Annihilationsact*. A expressão é de Fichte, que em 1795, no final de um artigo duramente polêmico contra o jusnaturalista Christian Ehrard Schmid, escrevera: "Sendo esse o estado da causa, declaro então, com meu perfeito e aqui demonstrado direito, tudo aquilo que o sr. Schmid doravante, sobre minhas afirmações filosóficas, em qualquer campo que seja, pois todas dimanam de um único espírito da Doutrina-da-ciência, seja diretamente dirá, ou insinuará obliquamente em prefácios, revistas e anais filosóficos, resenhas, na cátedra e em todos os locais honrosos ou desonrosos, *como algo, que para mim absolutamente não existe*; declaro o próprio sr. Schmid, *como filósofo*, em relação a mim, *não existente*. Não vejo em qual recurso jurídico o sr. Schmid poderia buscar amparo contra este ato de aniquilação, a não ser porventura o de alegar que eu teria exposto seu sistema incorretamente" (SW, II, 457).

[41] Hardenberg havia escrito inicialmente *Zustand der Barbarei* ("estado da barbárie"), substituiu "barbárie" por "selvageria" e acrescentou os adjetivos por sobre a linha.

[42] Primeira versão: "Há vários modos de independência".

[43] Primeira versão: "máximas da indiferença (*Gleichgültigkeit*)". O "a.)" e o "b.)" foram acrescentados sobre a linha.

[44] A palavra *sog*, abreviatura de *sogenannten*, foi acrescentada sobre a linha no manuscrito.

[45] O adjetivo (*strengen*) é também um acréscimo.

[46] Mesmo caso da nota 44.

[47] Versão anterior: *durch theilweise Aushebung* ("por seleção parcial").

[48] Em alemão: "*Theilfreiheit*". Há traços de que Hardenberg começara a escrever: "independência parcial".

[49] Inicialmente, "mundo pensado", corrigido sobre a linha para "representado".

[50] Sistemas "bitolados" (*bornierte*), de acordo com o fragmento n. 103 das *Observações entremescladas*: "Quanto mais bitolado um sistema (...)".

[51] Essa ressalva, assim como o "parcialmente" da linha de cima, foi acrescentado por sobre a linha, no manuscrito.

[52] Hardenberg escrevera inicialmente: "semelhantes a outros seres".

[53] A frase "ou atuar sobre ela" foi acrescentada por sobre a linha.

[54] Em alemão *Weltseele*. Essa palavra está no título do único livro de Schelling que Hardenberg estudou e anotou sistematicamente: *Sobre a alma cósmica, uma hipótese de física superior para a explicação do organismo universal* (1798). Em francês, corresponde à expressão

ame du monde, frequente nos textos de Hemsterhuis, estudados e anotados nos últimos meses de 1797.

[55] Ver nota 56

[56] O trecho entre essas duas chamadas corresponde a uma página do manuscrito que se perdeu. Transcrito da versão, provavelmente abreviada (como indica, por exemplo o travessão duplo), da primeira edição, feita por Ludwig Tieck e Friedrich Schlegel, dos escritos de Novalis — *Novalis Schriften*, Berlim, 1802.

[57] Em alemão: *Erkenntniszkräfte*. Primeira versão: *Ich zähle so viel Vermögen* ("Enumero tantas faculdades").

[58] Em alemão: *Kräfte*. O texto ficaria mais claro se fosse possível traduzir *Erkenntniszkräfte*, literalmente, por "forças de conhecimento". Em alemão o uso da palavra *Kraft* para referir-se a faculdades é natural, tanto que muitas delas já a trazem embutida no próprio nome: *Urteilskraft* (Juízo), *Einbildungskraft* (imaginação).

[59] A tradução tenta manter o jogo paronomástico, que dá sentido à frase: *Entschlusz — Aufschlusz*. A palavra *Aufschlusz*, literalmente "abertura", é mais usada no sentido de "esclarecimento", "instrução", "conhecimento".

[60] Duas palavras, para traduzir o termo *Wircksamkeit*.

[61] A palavra *Natur*, entre parênteses, escrita por sobre a palavra *Gestalt*.

[62] Metal utilizado como condutor elétrico nas experiências de Galvani, cf. nota 22.

[63] [63] Versão anterior: "Toda força, quando ele aparece, é uma *passagem*."

[64] As palavras *anderwärts her* (por outras vias) e *vollkommen* (perfeito) foram acrescentadas por sobre a linha.

[65] A palavra *gleichzeitige* (simultâneas) sobre a linha.

[66] Combinando assim as ideias de Galvani e de Brown, Novalis talvez tenha em mente o artigo de Ritter, citado na nota 23. Comentando malevolamente esse artigo, em seu livro *Die Romantische Schule* (A escola romântica; 1870), Rudolf Haym escreve (p. 614): "O autor [após sua interpretação do galvanismo] incita a esperança de que a partir daqui se possam ganhar conhecimento sobre a influência do calor, da luz, da eletricidade sobre o corpo animal, sobre o nexo entre o sofrimento corporal e o anímico, sobre o elo entre corpo e alma — esperanças que a seguir no idealismo mágico de Hardenberg foram elevadas ao grau das mais extravagantes fantasias".

[67] Este fragmento remete ao contexto do *Borrador universal*, citado na nota 36.

[68] Remete ao contexto do fragmento 112, especialmente no final, explicitando e desenvolvendo ainda o n. 13 das *Observações entremescladas*: "Os prodígios estão (...)".

[69] No texto: *Der Act des sich selbst Üeberspringens*.

[70] Os dois parênteses foram acrescentados sobre a linha.

[71] A ressalva (*vielleicht*) é acréscimo.

[72] A palavra *Erregbares*, entre parênteses, escrita sobre *Lebendiges*, assim como a seguir a palavra *Reitz* sobre *Leben*.

[73] A frase a partir de "ou melhor" foi acrescentada.

[74] Primeira versão: "O outro fator é relativo e mutável".

[75] Escala (*Leiter*) no sentido de "gradação" (*Stufenleiter*). Uma versão anterior, suprimida, ajuda a inteligência do texto; dizia que a capacidade "é igualmente um fator variável distinto — por isso há vida muito diferenciada, superior e inferior, de múltipla espécie".

[76] No manuscrito a expressão *dem Moment u* foi acrescentada por sobre a linha.

[77] Por um virtuosismo de escrita impossível de reproduzir fora do alemão, Novalis constrói todo este fragmento a partir do jogo entre as duas palavras: *VerZWEIflung* (desespero; *zwei*, o número dois, que é de fato o étimo dessa palavra e de *Zweifel*, "dúvida", de que ela deriva) e *VerEINzelung* (isolamento; *ein*, um). Retraduzindo numa combinatória filosófica esses dois termos de conotação fortemente emocional, integra-os ao horizonte da filosofia transcendental e da crítica fichtiana da *unilateralidade*.

[78] *Anziehungskraft,* corrigida de *Centrip*; provavelmente Hardenberg começara a escrever "força centrípeta".

[79] No original: *Produkt des organischen Bild[ungs]Triebes*. Sobre a palavra *Trieb*, cf. a nota 74 das *Observações entremescladas*.

[80] A partir de Fichte ("O único positivo é a liberdade, ser é mera negação dela") essa associação de positividade e liberdade não é estranha: dentro da mesma tendência da primazia da razão prática, estabelecida por Kant, o positivo é lido como *posicional* ou *tético*. Schelling, em seus primeiros escritos, foi quem mais enfatizou, nesse sentido, o uso do termo *postulado*. Basta ler esta nota, das *Cartas sobre o dogmatismo e o criticismo* (I, 288): "Quem me diz que estas objeções [contra a existência de um Deus moral] não atingem o criticismo, não me diz nada que eu mesmo não tenha pensado. Não valem para o criticismo, mas para *certos* intérpretes dele, que — não quero dizer a partir do *espírito* dessa filosofia, mas — tão-somente a partir da *palavra* usada por Kant: 'postulado' (cujo significado lhes deveria ser conhecido pelo menos através da matemática!) teriam podido aprender que a ideia de Deus no criticismo não é estabelecida como objeto de um *assentimento*, mas como objeto do *agir*".

[81] Aqui o termo usado é mesmo *Reflectiren*. Cf. nota 62 das *Observações entremescladas*.

[82] A frase original é: *Wahre Mittheilung findet nur unter Gleichgesinnten, Gleichdenkenden statt*. O uso da perífrase na tradução visa manter um pouco do efeito original.

[83] No original: *Wechselglied*. Conceito fichtiano, da *Doutrina-da-ciência de 1794*, ligado à operação da *alternância* (*Wechsel*) ou *determinação recíproca* (*Wechselbestimmung*): na síntese da causalidade, uma atividade independente da matéria da alternância "deve pôr aquele X que aponta a incompletude de um dos termos e com isso obriga a pô-lo como termo *alternativo* (*Wechselglied*) e através deste a pôr ainda um segundo, com o qual ele se alterne (*wechselt*)". A direta referência do fragmento de Novalis a este contexto impediu de manter, neste caso, a tradução de *Glied* por "membro".

[84] Versão anterior: "contra estímulos femininos".

[85] Hardenberg deixou uma grande quantidade de apontamentos críticos sobre o romance de Goethe, *Anos de aprendizado de Wilhelm Meister*. A "quarta parte" é constituída pelos livros VII e VIII, e começa assim (livro VII, cap. I): "A primavera aparecera em sua plena magnificência; uma borrasca prematura, que havia ameaçado o dia todo, desceu tempestuosamente sobre as montanhas, a chuva foi em direção à planície, o sol ressurgiu em seu esplendor, e sobre o fundo cinzento apareceu o magnífico arco. Wilhelm cavalgava a seu encontro e olhou para ele com melancolia. 'Ai!' disse a si mesmo, 'então justamente as mais belas cores só nos

aparecem sobre fundo escuro?' (...)". No livro IV, cap. 5, Wilhelm será ferido ao revidar um ataque de salteadores, durante um almoço silvestre com seus companheiros. O próprio Goethe qualifica de "romântica" a cena do grupo de amigos almoçando "entre flores e arbustos": "Os cavalos eram alimentados à parte, e se tivessem ocultado os coches a visão desse pequeno bando teria sido romântica até a ilusão". A colina silvestre é descrita no final do capítulo anterior: "(...) reconheceram prontamente o local indicado, pelas belas faias que o circundavam e ocultavam. Uma grande pradaria em brando declive convidava à permanência; uma fonte engastada oferecia o mais amável refresco, e mostrava-se do outro lado, através de desfiladeiros e encostas, uma vista distante, bela e esperançosa".

[86] Palavra inventada com base no nome do pintor e gravurista inglês William Hogarth (1697-1764), célebre por suas séries de gravuras satíricas de crítica de costumes, como *A Harlot's Progress* (1732) e *Manage à la Mode* (1743). Celebrizado na Alemanha por Georg Christoph Lichtenberg (1742-1799), que foi físico, escritor e humorista, e escreveu no fim de sua vida uma *Explicação pormenorizada das gravuras de Hogarth*.

[87] Numa carta a Friedrich Schlegel, de 11 de maio de 1798, Hardenberg manifesta ao amigo sua gratidão por "teu conceito de sátira romana". Refere-se ao fragmento de *Athenaeum* n. 146, a que ele próprio daria o título "Sátira e romance. Uma similitude": "Assim como o romance tinge toda a poesia moderna, assim também a sátira, que através de todas as transformações permaneceu sempre entre os romanos uma poesia universal clássica, uma poesia de sociedade do eu para o centro do universo culto, tinge a poesia romana inteira, e mesmo a literatura romana em seu conjunto, e como que dá o tom nela. Para ter sentido para aquilo que na prosa de um Cícero, César, Suetônio é o mais urbano, o mais original e o mais belo, é preciso já ter entendido e amado há muito tempo as sátiras horacianas. São as fontes eternas da urbanidade".

[88] A palavra "sensibilização" está traduzindo *Fühlbarmachung* e a palavra "sentido", *gefühlter*. Sobre o verbo *fühlen*, cf. nota 32.

[89] No texto: *Sprachgenie*. Traduzido por analogia com "antropogenia" e "cosmogenia" (cf. *Fragmentos logológicos* n. 20). Em outra ocasião Novalis escreverá *Naturgenie* (cf. *Diálogos* nota 53). Resta que é possível também outra leitura, e então a tradução seria: "gênio de linguagem".

[90] Uma cópia da segunda metade deste fragmento, a partir da palavra "nada", será o primeiro fragmento (n. 208) da série *Fragmentos III*.

[91] Termo técnico da anatomia, derivado do verbo grego *anastomóo,* "dotar de uma embocadura, de uma abertura (*stoma*)"; refere-se ao estabelecimento de uma comunicação entre vasos ou nervos.

[92] Em vez de "o mundo", Hardenberg escreveu primeiro: "nosso mundo".

[93] Esta última frase, desenvolvida, deu origem ao primeiro fragmento da série *Fragmentos ou Tarefas de pensamentos* (n. 193). Cf. neste volume.

[94] Novalis escreve *intellectualen Ansch[auung]*, à moda de Schelling, que com essa grafia pretendia aludir *ao amor intellectualis Dei* de Espinosa; Fichte grafava *intellektuelle*. Schlegel, no fragmento 76 de *Athenaeum*: "A intuição intelectual é o imperativo categórico da teoria".

[95] O livro VI do *Wilhelm Meister*, chamado "Confissões de uma bela alma", é um manuscrito autobiográfico, que Wilhelm lê, deixado por uma tia já falecida de Lothario. Ali é descrita Natalie criança: "A filha mais velha tinha capturado toda minha inclinação, e isso bem poderia ser porque ela era parecida comigo e porque de todos os quatro era a mais apegada a mim.

Mas, posso bem dizer, quanto mais cuidadosamente eu a observava, enquanto crescia, mais ela me envergonhava, e eu não podia olhar essa criança sem admiração, e mesmo, quase posso dizer, sem reverência. Não se via facilmente uma figura mais nobre, uma mente mais tranquila e uma atividade sempre igual, não limitada a nenhum objeto. Em nenhum instante de sua vida ela estava desocupada, e cada ocupação se tornava entre suas mãos uma ação digna. Tudo lhe parecia indiferente, contanto que pudesse realizar aquilo que estava no tempo e no lugar, e do mesmo modo podia permanecer tranquila, sem impaciência, quando não encontrava nada para fazer". No cap. 3 do livro VII, Wilhelm se surpreende e se confunde com a semelhança entre Natalie, a irmã de Lothario por quem afinal se apaixonará, e um retrato dessa tia, aquela "bela, magnífica alma", aquela "bela natureza" que escrevera as "Confissões" (que Goethe compôs baseando-se em anotações verídicas de Susanne von Klettenberg). Novalis, seguindo a indicação de Goethe, de que o romance não retrata individualidades concretas, mas "sentimentos e acontecimentos" (livro V, cap. 7), entrega-se a um cálculo combinatório das personagens do livro, escrevendo (*Borrador universal* n. 390): "Lothario nada é, senão a Thérèse masculina, com uma transição para Meister. Natalie — a ligação e a nobilitação da tia e de Thérèse. Jarno faz a transição de Thérèse ao Abade. (...) A religião individual da tia tornou-se em Natalie religião universal benfazeja, prática".

[96] No manuscrito, Hardenberg escreveu "da morte" por sobre a linha, mas não riscou a frase entre parênteses.

[97] Nos *Estudos de Hemsterhuis*, uma anotação de leitura sobre o livro *Lettre sur l'Homme et ses Rapports* terminava com a frase: "O lado moral do universo é ainda mais desconhecido e imensurável que o espaço celeste" (n. 29). No final do diálogo *Aristée ou de la Divinité*, Hemsterhuis falava de um "órgão moral" que está "voltado para as coisas divinas como o olho está voltado para a luz". Finalmente, no fecho do diálogo *Simon ou des Facultés de l'Âme*: "O mais belo trabalho do homem, Sócrates, é imitar o sol, e desembaraçar-se de seus invólucros em tão poucos séculos quanto possível; e quando a alma está toda despojada ela se torna toda órgão. O intervalo que separa o visível do sonoro é preenchido por outras sensações. Todas as sensações se ligam e fazem corpo juntas, e a alma vê o universo não em deus, mas à maneira dos deuses". Comentado por Hardenberg no n. 38 do *Estudos*. Mas o curioso é que o conceito de "profetização", em Novalis, está ligado diretamente a essa hipótese do desenvolvimento do "órgão moral".

[98] A palavra *Urteil* (*juízo*) é composta de *Teil* (parte) e do prefixo *ur-* (com o significado de "primitivo", "originário"). Sobre essa ideia de uma "partilha originária", vários pensadores alemães dessa fase (entre eles Hegel e Hölderlin) procuraram montar uma teoria do juízo, como esta que Novalis sugere aqui.

[99] Em alemão: *Feenwelt*. A importância atribuída por Novalis aos contos de fadas (*Mährchen*) encontra neste fragmento uma de suas explicações.

[100] Noção de "símbolo" desenvolvida por Schelling em suas *Preleções sobre a filosofia da arte* de 1799-1800. Cf. nota 28 às *Observações entremescladas*.

[101] Cf. o n. 21 de *Tarefas de pensamento*.

[102] No texto, Novalis escreve apenas *Meister*, para referir-se ao romance de Goethe; "das antinomias" foi acrescentado por sobre a linha. O romance termina quando a escolha de Wilhelm, com a aprovação de todos, recai sobre Natalie. Cf. nota 85.

[103] Primeira versão: "A vida não deve ser um romance dado, mas um romance feito". Reminiscência de uma frase do *Sistema da ética* de Fichte, já citada na nota 4 da *Poesia*: "Do ponto de vista transcendental o mundo é feito, do comum ele é dado".

[104] Anotação que será desenvolvida no n. 200 de *Fragmentos ou Tarefas de pensamento*.

[105] O texto usa a palavra *Cohäerenz*, em lugar de *Zusammenhang*, que seria mais natural em alemão. Evidentemente, para dar destaque ao sentido mais concreto de *coesão*.

[106] Fragmento reproduzido, apenas ligeiramente modificado, pelo n. 203 de *Fragmentos ou Tarefas de pensamento*.

[107] Jean François d'Aubuisson de Voisins (1769-1841) deu aulas de matemática a Hardenberg em Freiberg.

[108] Em francês no original. Supostamente, uma observação ouvida de d'Aubuisson em aula ou numa conversa particular.

FRAGMENTOS OU TAREFAS DE PENSAMENTO

[1] Cf. o n. 167 de *Fragmentos II*.

[2] Primeira versão: "As potências superiores que um dia, como anjos, nos servirão".

[3] Este fragmento desenvolve o de n. 182 de *Fragmentos II*.

[4] Em alemão: *sinnbildsam*. Hardenberg escrevera inicialmente: *sinnbildlich. Sinnbild* é o termo alemão vernáculo para "símbolo"; literalmente: imagem-sentido, ou imagem sensível. Mas *bildsam*, remetendo ao verbo *bilden*, tem também o significado de "plasmável". Uma palavra-valise?

[5] Cf. nota 95 de *Fragmentos II*. O fragmento todo é um desenvolvimento do n. 175.

[6] Primeira versão: "Pense-se somente no olhar da amada".

[7] A mesma palavra, *Berührung*, traduzida uma vez por "contato" e uma vez por "toque", torna mais fácil a comparação de Novalis.

[8] Cf. n. 189, em *Fragmentos II*.

[9] Cf. n. 186, em *Fragmentos II*.

[10] As lacunas do texto indicam trechos em que o manuscrito está danificado, aqui no anverso e, no final deste fragmento, e início do 203, no verso. Além disso, este texto foi riscado com um traço vertical grosso.

[11] Em lugar de *Intelligenz*, Hardenberg havia escrito *Erkenntniszvermögens* (faculdade de conhecimento).

[12] Cf. nota 10.

[13] Cf. n. 191 de *Fragmentos II*.

ANEDOTAS

[1] Ernst Platner (1744-1818), professor de medicina e filosofia em Leipzig, segundo o qual a psicologia tem como tarefa a investigação pragmática da faculdade de conhecimento, autor de uma *Antropologia para médicos e filósofos* (1772), de *Aforismos filosóficos* (1776-82)

e do *Manual de lógica e metafísica* que Fichte usava como texto-base em seus cursos de lógica transcendental.

[2] Joseph von Sonnenfels (1733-1817), jurista austríaco, introdutor do ideário iluminista no campo do Direito Penal; um de seus livros tem o título: *Abolição da tortura.*

[3] O manuscrito mostra, pela quantidade de rasuras e correções, que a redação deste exemplo de anedota foi muito trabalhosa. Alguns trechos de versões anteriores ainda legíveis: "Platner contava que alguém"; "que ele reviu Sonnenfels"; "havia visitado uma de suas preleções"; "na saída do auditório".

[4] A palavra *Was* ("o que"), escrita e depois riscada, no início dessa frase.

[5] Parêntese acrescentado por sobre a linha no manuscrito.

[6] As palavras "ou epigrama" acrescentadas por sobre a linha.

[7] Referência ao fragmento de *Athenaeum* n. 146, citado na nota 87 aos *Fragmentos II.*

[8] Primeira versão: "A crítica de W[ilhelm] Meister".

[9] Mesma referência que a da nota 86 de *Fragmentos II.*

[10] O parêntese acrescentado por sobre a linha.

[11] O texto utiliza, ressalvando a "licença da palavra", a clássica divisão kantiana entre razão pura ("faculdade de conhecimento": *Erkenntniszvermögen*) e razão prática ("faculdade de desejar": *Begehrungsvermögen*).

[12] Goethe fez sua terceira viagem pela região das montanhas do Harz, na Saxônia, em companhia do pintor Melchior Kraus, em setembro de 1784. É possível supor que tenha conversado com Hardenberg a esse respeito, ao conhecê-lo, no início de 1798, porque suas anotações do final de 1797 indicam que nessa época, por interesses geológicos, retomara o exame dos desenhos de Kraus das montanhas do Harz.

[13] A palavra *witzige* ("chistosas") foi acrescentada por sobre a linha.

[14] No texto: *Incitation oder Nichtincitation.* Estrangeirismo, usado no contexto do sistema de Brown. Cf. nota 13 das *Observações entremescladas.* O termo *suscitação* (*Erregung*), que faz parte do mesmo contexto, foi comentado na nota 36 dos *Fragmentos I.*

[15] Conceito da *Doutrina-da-ciência de 1794*, de Fichte. Cf. nota 12 a *Poesia*. Sobre o *oscilar* da imaginação produtiva, cf. nota 19 dos *Fragmentos logológicos.*

[16] Em alemão: *Wechselfieber*. A mesma palavra *Wechsel* (alternância), referida ao conceito de determinação recíproca, que aparece na formação da palavra *Wechselglied*. Cf. nota 83 dos *Fragmentos II.*

[17] A ressalva "em uma certa medida" foi acrescentada por sobre a linha.

[18] Hardenberg havia escrito antes: *planloser* (desprovida de plano).

[19] Leio *Vorsehung* ("providência"), seguindo a indicação de leitura da edição crítica e o sentido do contexto, em lugar de *Versöhnung* ("reconciliação"), como está no texto dessa própria edição, por falha de revisão, suponho. As palavras "crença na" foram acrescentadas sobre a linha.

[20] Correção de *im Schick*, indicando que Hardenberg começou a escrever a palavra no singular.

[21] O advérbio foi acrescentado por sobre a linha.

[22] O editor alemão, Richard Samuel, anota aqui: "Talvez uma alusão às anedotas de Chr. M. Wieland sobre o xadrez, em sua dissertação 'Sobre os mais antigos jogos de abreviamento do tempo' (*Teutscher Mercur* 1780/81)". Christoph Martin Wieland (1733-1813), poeta e romancista admirado por Goethe, foi o fundador da revista *Teutscher Mercur* (Mercúrio teutão) e, com seu romance *Agathon*, criou o primeiro esboço do gênero *Bildungsroman* (romance de formação), de que os críticos consideram como mais perfeito exemplo o romance de Goethe, *Anos de aprendizado de Wilhelm Meister*.

DIÁLOGOS

[1] No original: *Meszkatalog*. As feiras anuais de Leipzig eram célebres desde a Idade Média. Após o advento do prelo, publicava-se a cada ano, por ocasião dela, o catálogo das novidades do mercado livreiro.

[2] Seguidores de Omar ou Umar I (Abu Hafsa Ibn al-Khattab, 581-644), primeiro califa a adotar e defender intransigentemente a fé muçulmana, e que se autodenominou "emir dos crentes"; fundamentalismo rigoroso que, entre outras coisas, condenava toda leitura fora do Corão. É fama que o incêndio da biblioteca de Alexandria ocorreu sob seu comando.

[3] Antes de *Exportation*, Hardenberg escreveu, depois riscou, a palavra *Bilanz*, provavelmente pensando numa redação diferente desta frase. Significa "balanço" — e de fato o assunto da frase é a balança comercial.

[4] Minas de prata descobertas em 1547 na encosta do Cerro de Potosí, no então Peru (hoje sul da Bolívia), lendárias na época por sua riqueza.

[5] Colônia portuguesa na América do Sul, cuja evocação estimulava a imaginação romântica. A menção mais importante na filosofia alemã está nos *Novos ensaios sobre o entendimento humano*, de Leibniz, onde o empirista Filaleto refere, como argumento contra o caráter inato da ideia de Deus, a existência de nações inteiras desprovidas dessa ideia, *comme à la Baie de Soldanie, dans le Brésil, dans les îles Carbes, dans le Paraguay* (livro I, cap. 3).

[6] Em vez de "membros" (*Gliedern*), Hardenberg havia escrito antes: *Elementen* (elementos). No n. 119 de *Fragmentos I* está claramente estabelecida a distinção entre membro, parte e elemento; e o segundo parágrafo do n. 120 explicita ainda mais a noção de "elemento".

[7] O adjetivo "necessário" foi acrescentado por sobre a linha.

[8] Este uso da expressão "para nós" significando "do ponto de vista da totalidade" se tornará costumeiro logo a seguir, com Hegel, que escreve com frequência, tranquilamente: "para nós OU em si", como se fossem duas locuções sinônimas.

[9] A palavra "somente" (*nur*) é correção, por sobre a linha, de *doch*.

[10] Em alemão: *Gewöhnung*, literalmente "acostumamento". O dicionário *Aurélio* dá, como um dos sentidos de "condicionar(-se)": "habituar-se a condições novas".

[11] Na primeira versão, a frase é construída com o verbo *klagen* (queixar-se), substituído depois pelo verbo pronominal *sich beschweren* (lamentar-se).

[12] Primeira versão: "tão apaixonadamente". O tema desenvolvido por "B" é clássico: Fichte, nos *Diálogos patrióticos* de 1807, combaterá a educação de seu tempo, que dá à criança "palavras em vez de coisas", de tal modo que "as crianças nadam em um amorfo elemento-de-letras como em seu mundo próprio"; e, nos *Traços da época presente*, condenará o excesso de leitura e

de escrita (*Vielschreiberei und Vielleserei*) como um dos traços da "época da pecaminosidade acabada". Nessa tradição é natural que *Zaratustra*, de Nietzsche, no capítulo "Do ler e escrever", tenha falado assim: "Mais um século de leitores, e o próprio espírito vai feder!".

[13] Na época se acreditava a sério numa nova ciência chamada fisiognomia, que pretendia poder definir o caráter de alguém pelas depressões ("bossas") do crânio. Hoje só restou a metáfora "bossa", com o mesmo significado que a metáfora "talento".

[14] Este "jovem Lessing ao quadrado" (em 2ª potência) é Friedrich Schlegel, que no fragmento n. 8 de *Lyzeum* escrevera: "Um bom prefácio tem de ser ao mesmo tempo a raiz e o quadrado de seu livro". Ele próprio, no ensaio sobre Lessing, qualificara o "velho Lessing" propriamente dito (Gotthold Ephraim Lessing, cf. nota 1 aos *Poeticismos*) de "espírito revolucionário".

[15] No n. 25 dos *Fragmentos III*, Novalis escreve: "Platão faz já do *amor* filho da *deficiência, do carecimento* — e da *excedência*". Refere-se ao trecho do *Banquete* (*Symposion*, 203 a-204 a), cujo início Cavalcante traduz assim: "Quando nasceu Afrodite, banqueteavam-se os deuses, e entre os demais se encontrava também o filho de Prudência, Recurso. Depois que acabaram de jantar, veio para esmolar do festim a Pobreza, e ficou pela porta. Ora, Recurso, embriagado com o néctar — pois vinho ainda não havia — penetrou o jardim de Zeus e, pesado, adormeceu. Pobreza então, tramando em sua falta de recurso engendrar um filho de Recurso, deita-se ao seu lado e pronto concebe o Amor". No original grego, os nomes dos protagonistas do mito eram: *Penia* e *Poros*.

[16] O adjetivo "excelentes" foi acrescentado por sobre a linha.

[17] Na primeira versão, simplesmente: "com fruições contraditórias".

[18] Primeira versão: "suficientemente".

[19] Primeira versão: "infinitamente transmutável e redutível". A nova versão, sobre a linha, foi escrita com a mesma tinta, mais clara, do segundo diálogo: pode-se imaginar que Hardenberg, ao sentar-se para escrever o segundo, releu e revisou esse primeiro.

[20] Versões anteriores: "uma inteira biblioteca", "todos os formatos de repositórios", "de todas as artes e ciências". Mesma tinta da correção anterior.

[21] É o título do romance de Goethe, já várias vezes citado. Uma frase de Friedrich Schlegel, no início de um dos fragmentos de *Athenaeum*, dá a medida da importância que os românticos conferiam a esse livro: "A Revolução Francesa, a Doutrina-da-ciência de Fichte e o *Meister* de Goethe são as tendências fundamentais de nosso tempo".

[22] Acrescentado com tinta mais clara, depois riscado: "o que tu achas?".

[23] Versão anterior: "de beber por algum tempo com você seu vinho favorito"; o tratamento por "você" será norma nos diálogos 3 a 5.

[24] No texto: *Capacitaet*. Cf. nota 107 das *Observações entremescladas*.

[25] Primeira versão: "dos germanos".

[26] Em alemão: *Gesammtheit*. Primeira versão: *Einheit* (unidade).

[27] A palavra "portanto" foi acrescentada por sobre a linha.

[28] Em alemão: *Variation*. Versão anterior: *Veränderung*.

[29] Primeira versão: "O outro seja para nós o espírito a soma e multiplicidade das potências suscitantes de estímulos sensoriais".

[30] Versão anterior: "o indivíduo com o todo".

[31] Versão anterior: "a inclinação com a dessemelhança".

[32] Primeira versão: "região de vegetação".

[33] A partir deste diálogo, a numeração não é de Novalis. O quarto diálogo, no manuscrito, é encimado por um "2" do punho de Hardenberg, e o sexto por um "3". Também a indicação dos interlocutores "A" e "B" só existe no manuscrito do quinto diálogo.

[34] Em lugar de "favorece" e "inibe", respectivamente, a primeira versão trazia: "aumenta" e "enfraquece"; e acrescentava no fim da frase: "Velocidade e lentidão".

[35] As palavras "e fácil" acrescentadas por sobre a linha. Pode-se notar que "B" está fazendo uma transposição para o plano ético e uma fichtianização dos conceitos da *arte de curar* de Brown.

[36] Em alemão: *Nachdenken*. Correção de: *zergliedernde Betrachtung* (consideração analítica).

[37] Versão anterior: "que unicamente designa o genuíno convívio".

[38] Somente no início deste parágrafo o manuscrito traz um "B", para indicar que é o mesmo interlocutor que continua a falar.

[39] Versão anterior: "o que nos resta".

[40] O restante do período foi escrito posteriormente, espremido no espaço livre no final da linha.

[41] Primeira versão: "uma bela ilusão artística, um espetáculo a contemplar".

[42] As palavras *im Geist* (em espírito) acrescentadas posteriormente por sobre a linha.

[43] Em alemão: *fröhlichste*, correção de *lustigste* (o mais alegre).

[44] O adjetivo "temporal" acrescentado por sobre a linha.

[45] Em alemão: *reitzend* (também "estimulante" ou "atraente"). Hardenberg havia escrito antes *piquant* (picante).

[46] Eis o texto original deste dístico:
> *Fürsten sind Nullen — sie gelten an sich nichts, aber mit Zahlen,*
> *Die sie beliebig erhöhn, neben sich gelten sie viel.*

[47] Primeira versão: "que todas as hipóteses".

[48] No texto: *Hypothesieren*, neologismo de Novalis.

[49] Versão anterior: "voluptuosa" (*woll[üstige]*).

[50] Este último verso foi modificado várias vezes. Versões anteriores: "por mais vezes que ela foi vencida por si própria"; "por mais vezes que é vencida por si própria". Eis os versos originais:
> *Hypothesen sind Netze, nur der wird fangen, der auswirft.*
> *Ist nicht America selbst durch Hypothese gefunden?*
> *Hoch und vor allen lebe die Hypothese — nur sie bleibt*
> *Ewig neu, so oft sie sich auch selbst nur besiegte.*

[51] As palavras "e fricção" (*und Reibung*) acrescentadas por sobre a linha.

[52] Primeira versão: "e celestial centelha ilumina a força rejuvenescida."

[53] Aqui, no manuscrito, o número "3". No início da folha, riscada, a seguinte anotação: "2./ A doutrina da natureza./ — Duplo caminho — do indivíduo — do todo — De dentro — de

fora. Naturgenia. Matemática. *Goethe. Schelling. Ritter.* A química *pneumática. A Idade Média. Romances naturais. Exposição da física. Werner. Experimentação.*/ (Se a doutrina da natureza tem *uma verdadeira unidade* em seu fundamento.[)]".

[54] O adjetivo "natural" acrescentado por sobre a linha.

[55] *Kryptogamisten*, corrigido pelo editor alemão; no manuscrito, lê-se: *Kryptoganisten*.

[56] Daqui para a frente, o manuscrito se perdeu. A edição Kluckhohn segue a edição de Bülow (*Novalis Schriften hg. von Ludwig Tieck und Eduard von Bülow*, Berlim, 1846), sem entretanto seguir a indicação dos interlocutores "A" e "B", que é diferente.

[57] Novalis brinca com aquelas "sentenças de sabedoria metafísica" mencionadas por Kant na introdução (cap. V) da *Crítica do Juízo*, que surgem por ocasião de "muitas regras cuja necessidade não se pode demonstrar por conceitos": "A natureza toma o caminho mais curto (*lex parsimoniae*), ela por assim dizer não dá nenhum salto, nem na sucessão de suas mudanças, nem na composição de formas especificamente distintas (*lex continui in natura*) (...); e semelhantes" (A XXX-XXXI). Numa anotação do *Borrador universal*, Novalis se refere a elas como "leis naturais bem conhecidas" (n. 776). A edição Bülow apresenta a frase seguinte como continuação da fala de "B".

[58] Esta fala, na edição Bülow, é atribuída ainda a "A", de modo que na continuação os dois interlocutores ficaram trocados.

MONÓLOGO

[1] Em alemão *Weltseele*, correspondente a *âme du monde* em francês. A ideia de que o universo, o todo cósmico, pode ser considerado como um único organismo, no contexto da *Naturphilosophie* de Schelling, conduz logicamente à hipótese de atribuir a ele uma alma. Cf. nota 54 de *Fragmentos I*.

CADASTRO
ILUMI//URAS

Para receber informações sobre
nossos lançamentos e promoções,
envie e-mail para:

cadastro@iluminuras.com.br

Este livro foi composto em *Times* pela *Iluminuras* e terminou de ser impresso nas oficinas da *Meta Brasil Gráfica*, em Cotia, SP, sobre papel off-white 80 gramas.